Dik?

Marieke Otten

Dik?

Tekeningen Hiky Helmantel

Deventer
Van Tricht *uitgeverij*, 2008
www.vantricht.nl

Troef-reeks

Inhoud

HOOFDSTUK 1

Olifantenbenen

Pleun is op haar kamer.
Ze zit op haar bed met haar rug tegen de muur.
Haar vriendin Lexie komt de kamer binnen.
'Hoi,' roept ze.
'Hoorde je de bel niet?
Je moeder heeft de deur opengedaan.'
Pleun zegt niets.
Dan springt Lexie naast Pleun op het bed.
'Vertel!' zegt Lexie.
'Hoe was het gisteravond?
Was de band van Bart goed?
Was het een gaaf feest?
Ik baalde dat ik naar de verjaardag
van mijn tante moest.
Ik heb de hele avond aan jullie gedacht.'
Pleun kijkt naar haar voeten.
Ze heeft geen schoenen aan.
Ze kijkt naar haar spijkerbroek en zwarte sokken.
'Ach...,' zegt Pleun.
'Het optreden van Bart was cool.
Hij zong goed.'
Dan zegt Pleun niets meer.
Lexie kijkt Pleun verbaasd aan.
'Ja, en verder?' vraagt ze.
'Hoe was het feest?

Was het leuk met Bart?'
Pleun trekt haar schouders op en zegt:
'Bart had het druk.
Eerst het optreden.
En daarna kwamen er allemaal meiden bij hem staan.'
'En jij dan?' vraagt Lexie.
'Ging jij niet bij hem staan?
Jij bent toch zijn vriendin!'
Pleun knikt.
'Ik ben ook naar hem toe gegaan.
Maar hij heeft weinig tegen me gezegd.
Hij praatte veel met Mariëlle.
Je weet wel, Mariëlle uit zijn klas.
Lang blond haar en een superfiguur.
Ze droeg gisteren een kort rokje en een strak truitje.
Toen Bart me naar huis bracht,
zei hij dat Mariëlle er leuk uitziet.
En hij vroeg: "waarom draag jij nooit zulke kleren?" '
Lexies mond valt open.
'Wat een eikel!' roept ze.
'Wat heb je geantwoord?'
Pleun trekt een gek gezicht en zegt:
'Ik????
Daar ben ik veel te dik voor!
In een kort rokje heb ik olifantenbenen.
En in een strak truitje lijk ik wel zwanger.'
'Heb je dát gezegd?' roept Lexie.
Pleun schudt haar hoofd.
'Nee, ik heb gezegd dat een kort rokje mij niet mooi
staat.
Toen kneep Bart in mijn buik.
Hij zei dat er wel een paar kilo af mag.'

Pleun zucht.

'Ik denk dat Bart gelijk heeft.'

Lexie schudt haar hoofd.

'Je bent niet dik.

Je bent hartstikke leuk om te zien!

Bart is gek.

Ik wou dat ik zulke mooie rode krullen had!

En zulke bijzonder groene ogen!'

Pleun probeert te lachen.

Haar ogen staan niet blij.

'Fijn, dat jij me leuk vindt,' zegt ze.

'Maar ik wil dat Bart me knap vindt!

Hij kan uit zoveel meiden kiezen.

Iedereen vindt hem cool.

Ik ...'

Pleun bijt op haar lip en zegt:

'Ik ben bang om Bart kwijt te raken.

We hebben nu drie weken verkering.

Hij is zo leuk!

En zo sexy!

Ik wil hem niet kwijt.

Als hij tegen me praat, sta ik te trillen op mijn benen.

Ik heb me nooit zo bij andere jongens gevoeld.

Alleen bij hem.'

'Je bent verliefd,' zegt Lexie.

Pleun knikt.

Even later staat Pleun op van haar bed.

Ze loopt naar haar kast.

Aan de kast hangt een spiegel.

Pleun zet haar handen in haar zij en kijkt naar zichzelf.

'Vijf kilo,' mompelt ze.

'Of meer.
En mijn haar laat ik groeien.
Lang haar is sexy.'
Lexie begint te lachen.
'Jij en afvallen,' zegt ze.
'Kan jij dat?
Jij houdt zo van lekker eten!'
Er komt een felle blik in Pleuns ogen.
'Voor Bart doe ik alles!
Afvallen moet lukken.
Ik laat alle snoep staan.
En eet alleen maar gezonde dingen.'
Pleun kijkt Lexie vragend aan:
'Help je me met afvallen?
Als ik snoep pak, zeg dan nee tegen mij.'
'Oké,' zegt Lexie aarzelend.
'Maar ik vind dat je niet voor Bart moet afvallen.
Je moet afvallen omdat je dat zelf wilt.
En niet voor een jongen.'
'Tuurlijk wil ik zelf ook afvallen,' zegt Pleun.
Lexie is even stil en zegt dan:
'Ik heb een idee.
Je hoeft niet in je eentje af te vallen.
Ik doe mee.
Ik ben al een tijdje bezig met afvallen.'
'Jij?' roept Pleun verbaasd.
'Jij bent helemaal niet dik!
Jij bent juist heel slank!'
Lexie schudt wild met haar hoofd.
Haar lange, bruine haren bewegen heen en weer.
'Mijn schouders zijn dun,' zegt ze.
'Maar mijn heupen en billen zijn dik.

Ik heb een raar figuur.
Heel lelijk!
Smal van boven.
Breed van onderen.'
'O... oké,' zegt Pleun.
'Fijn dat je meedoet met afvallen.
Samen lukt het vast beter.'
Pleun kijkt ernstig en zegt:
'Ik wil veranderen in een heel mooie meid!
Ik wil zo slank worden dat Bart alleen naar *mij* kijkt!
En me smeekt om aandacht!'
'Smeken, ja, dat moet Bart!' roept Lexie.
'Op z'n knieën.
Met een roos in zijn mond.'
Pleun begint te giechelen.
'En dan moet hij mijn voeten kussen!'

HOOFDSTUK 2

Stage

Een paar dagen later zijn Pleun en Lexie op school.
Ze zitten in de les van mevrouw Derksen.
Ze zitten naast elkaar.
Mevrouw Derksen is hun mentor.
Ze vertelt over de stage die de klas moet lopen.
Het is een maatschappelijk stage.
Iedereen moet 72 uur nuttig werk doen.
Bijvoorbeeld ouderen helpen met allerlei dingen.
Zo krijg je ervaring met werken.
Dat geeft je ook zelfvertrouwen.

Pleun stoot Lexie aan.
'Ik heb helemaal geen zin!' fluistert ze.
'Mijn zus heeft vorig jaar een
maatschappelijke stage gedaan.
Op een kinderdagverblijf.
Ze moest steeds poepluiers verschonen.
En tafels schoonmaken.'
Lexie trekt haar neus op.
'Gatsie,' fluistert ze terug.
'Lijkt me helemaal niet leuk.
En onkruid trekken in een park ook niet.
We gaan samen op zoek naar een leuke plek, hè.
Samen is gezelliger.'
Pleun knikt.

'Ik hoop dat jullie allemaal al een
werkplek hebben geregeld,'
zegt mevrouw Derksen.
Pleun en Lexie kijken elkaar aan.
'Ahum,' fluistert Lexie.
'We hebben nog niets geregeld.'
'We bedenken wel iets,' zegt Pleun.
Dan zijn de meiden stil.
Mevrouw Derksen kijkt hun kant op en zegt:
'Voor wie nog geen stageplek heeft.
Ik heb een lijst van verzorgingshuizen voor bejaarden.
In verzorgingshuizen kun je ook stagelopen.'

In de grote pauze zitten Pleun en Lexie
aan een tafeltje in de aula.
Pleun kauwt op haar boterham.
'Bij oude mensen werken lijkt me niet leuk,' moppert ze.
'Wat moet je daar nou doen?
Koffie inschenken.
En steeds naar dezelfde verhalen luisteren.'
'We hoeven geen luiers te verschonen bij de bejaarden,'
zegt Lexie aarzelend.
Pleun zegt opeens met een blij gezicht:
'Een stage met muziek lijkt me leuk.
Laten we muziek maken op straat!
Jij op je saxofoon.
En ik op mijn gitaar.
Van muziek worden mensen vrolijk.
Met muziek kunnen we mensen ook helpen.
En Bart wil vast wel af en toe bij ons komen zingen.'
Lexie lacht en schudt haar hoofd.
'Jij kan alleen maar aan Bart denken!' zegt ze.

'Maar muziek maken op straat hoort vast niet
bij een maatschappelijke stage.
En bovendien heb ik geen zin in saxofoon spelen
met handschoenen aan.'
'Huh, handschoenen...?' vraagt Pleun.
Dan begrijpt ze wat Lexie bedoelt.
'O, ja,' giechelt Pleun.
'Het is winter.
Jammer... misschien dan toch maar naar de oudjes.
Het is gelukkig maar voor één middag in de week.'

Pleun pakt geld uit haar tas.
'Ik heb eten nodig,' zegt ze.
'Eten om na te denken over de stage.
Ik ga een zakje chips kopen.
Wil jij ook iets?'
Lexie kijkt Pleun streng aan.
'Je mag niet snoepen!' zegt ze.
'Je wilt afvallen.
En je hebt me gevraagd je te helpen.'
Pleun maakt een zwaaiend gebaar met haar linkerhand.
'Eén zakje chips is niet erg,' zegt ze.
Lexie schudt haar hoofd en zegt:
'Gisteren heb je een rol drop gegeten.
En cola gedronken.'
'Ach...' zegt Pleun.
'Een beetje snoepen is oké.
Met een beetje snoep kun je ook afvallen.
Ik doe mijn best.
Maar nu heb ik érg veel zin in een zakje chips.
Wil jij ook een zakje?'
Lexie schudt haar hoofd.

'Nee, snoepen is niet goed als je wilt afvallen.
En snoep is ongezond!'
Pleun blaast langzaam lucht uit haar mond.
En gaat weer zitten.
'Pfffffffff, wat ben je streng,' zegt ze.
'Maar je hebt gelijk.
Ik zal geen chips kopen.'
'Goed zo!' roept Lexie.
Pleun gaat anders op haar stoel zitten.
Ze hangt op haar stoel, met haar hoofd voorover.
Het lijkt alsof ze erg moe is.
'Afvallen is zwaar,' zegt ze.
Lexie lacht.

Dan geeft Lexie Pleun een tikje op haar schouder.
'Bart komt eraan,' fluistert ze.
Pleun gaat meteen recht op haar stoel zitten.
Haar hart begint te bonzen.
Ze kan er niets aan doen.
Elke keer als ze Bart ziet, gaat haar hart sneller kloppen.
'Hoi,' groet Bart.
Voor Pleuns stoel blijft hij staan.
Zijn donkere ogen twinkelen vrolijk.
Hij geeft haar een zoen op de mond.
'Heb je zin om morgenavond mee
naar de bioscoop te gaan?' vraagt hij.
'Er draait een spannende film.'
Pleun knikt hard met haar hoofd van ja.
'Leuk!'
Bart aait even over Pleuns wang.
'Tot morgen,' zegt hij.
'Ik sms je morgenmiddag hoe laat de film begint.'

Dan steekt hij zijn hand op naar Lexie.
Hij draait zich om en loopt weg.
Pleun blijft naar hem kijken.
Haar wangen zijn een beetje rood geworden.
Haar ogen stralen.
'Zijn nieuwe spijkerbroek staat hem goed,'
zegt ze dromerig.

HOOFDSTUK 3

Niet mooi?

Pleun en Bart zitten naast elkaar in de bioscoop.
Bart heeft zijn arm om Pleun heen geslagen.
'Ik vind de film een beetje saai,'
fluistert Bart in Pleuns oor.
Pleun knikt.
Ze vindt de arm om haar schouder heel fijn.
Het kriebelt in haar buik.
Dan streelt Bart haar schouder.
Hij trekt haar dicht tegen zich aan.
'Wat ruik je lekker,' zegt hij zacht.
Hij geeft een zoen in haar nek.
Langzaam gaat hij met zijn mond naar haar gezicht toe.
Hij zoent haar wang en dan haar neus.
Hun monden zijn nu vlak bij elkaar.
Pleun heeft het gevoel te zweven.
Dan drukt Bart zijn lippen op de lippen van Pleun.
Pleun kreunt zacht.
Zoenen met Bart is super.

Opeens gaan de lichten in de bioscoop aan.
De film is gestopt.
Bart houdt op met zoenen.
'Pauze,' zegt hij lachend.
Pleun knippert met haar ogen.
Ze was even vergeten waar ze is.

Bart staat op van zijn stoel.
'Kom, we gaan wat drinken halen.
Als we snel zijn, hoeven we niet te wachten.'
Glimlachend loopt Pleun achter Bart aan.
Ze voelt zich heel gelukkig.

Er staan nog niet veel mensen bij de bar.
Al gauw zijn ze aan de beurt om te bestellen.
'Wat wil je drinken?' vraagt Bart aan Pleun.
'Cola,' antwoordt Pleun.
'Twee cola en één zakje chips,'
zegt Bart tegen de man achter de bar.
'Goed idee!' roept Pleun.
'Geef mij ook maar een zakje chips.'
Dan zegt ze verschrikt: 'O, nee, geen chips.
Ik probeer af te vallen.'
Bart kijkt even naar Pleuns lichaam.
Hij knikt.
'Goed van je,' zegt hij.
'Iets slanker zal mooi zijn.'

Ze gaan bij een hoge, ronde tafel staan.
Pleun voelt zich opeens verdrietig.
Wat is Bart enthousiast over haar afvallen!
Vindt hij haar niet mooi zoals ze is?
Stel je niet aan, denkt ze.
Een paar kilo lichter is inderdaad mooier.
Bart scheurt zijn zakje chips open.
Hij stopt een heleboel in zijn mond en kauwt hard.
Er vallen chipskruimels uit zijn mond op zijn trui.
Als zijn mond leeg is, kijkt hij Pleun vriendelijk aan.
'Hé', zegt hij verbaasd.

'Wat kijk je verdrietig.'
Pleun schudt haar hoofd.
'Ik ben niet verdrietig.
Ik was aan het denken.'
'Wat dacht je?' vraagt Bart.
'O... niets bijzonders,' antwoordt Pleun.
Ze wil haar gedachten niet aan Bart vertellen.
Ze schaamt zich ervoor.
Ze wil Bart niet vertellen over haar onzekerheid.
Bart heeft vast geen zin in een zeurende vriendin.
Daarom begint Pleun gauw over iets anders.
'Ik ga misschien hardlopen,' zegt ze.
'Lexie loopt veel hard.
Ze heeft gevraagd of ik een keer meeloop.
Ze voelt zich fit door het hardlopen.'
'Goed plan,' knikt Bart.
'Ik vind het fijn om veel te volleyballen.
Heb ik je al verteld van mijn laatste wedstrijd...?'

De film begint weer.
Bart slaat weer een arm om Pleun heen.
Pleun vindt het fijn.
Maar minder fijn dan voor de pauze.

HOOFDSTUK 4

Jaloers

'Lexie... wacht!' hijgt Pleun.
Zij en Lexie zijn aan het hardlopen.
In haar sportkleren rent Pleun achter Lexie aan
door het park.
Ze heeft het heel warm.
Ook al is het winter.
Lexie loopt een stukje voor haar.
Ze hoort Pleun niet.
'Stóóóóóp!' gilt Pleun nu.
Dan buigt ze zich voorover met haar armen in haar zij.
Zweetdruppels rollen over haar voorhoofd.
Ze hijgt heel hard.
Ze is zo moe.
Lexie draait zich om en komt snel naar Pleun toerennen.
Zij hijgt nauwelijks.
'Gaat het?' vraagt ze.
Pleun antwoordt niet.
'Tijd voor een pauze,' zegt Lexie.
'Kom, ik zie een bankje.
Ga even zitten.'

Pleun loopt langzaam achter Lexie aan naar het bankje.
Opgelucht gaat Pleun zitten.
Lexie blijft voor haar staan en springt op en neer.
'Ik wil niet te veel afkoelen,' legt Lexie uit.

Ze kijkt Pleun onder het springen nadenkend aan.
'Weet je, ik denk dat je het hardlopen langzaam
moet opbouwen.
Eén minuut rennen en dan één minuut wandelen.
Ik heb op internet veel over hardlopen gelezen.
Het is goed om in het begin het rennen en lopen
af te wisselen.'
'Maar dan kan ik niet samen met jou lopen,' zegt Pleun.
Lexie knikt en zegt:
'De eerste paar weken kun je beter alleen lopen.
En als het hardlopen goed gaat, rennen we weer samen.'
Pleun zucht diep.
Ze vindt hardlopen niet leuk.
Al helemaal niet in haar eentje.
En dan moet ze ook nog eens op
de minuten gaan letten.
Pleun kijkt jaloers naar haar vriendin.
Lexie maakt nu grote draaiende bewegingen
met haar armen.
Ze hijgt niet eens van al die oefeningen.
Ze heeft een heel goede conditie.
En wat is ze slank!
Lexie was al niet dik.
Maar nu is nergens meer vet op haar lichaam te zien.
'Hoe vaak loop jij hard?' vraagt Pleun.
'Elke dag,' antwoordt Lexie.
'Knap, hoor!' zegt Pleun.
'En je bent flink afgevallen de laatste tijd.
Je hebt een prachtig figuur!'
Lexie kijkt verbaasd.
'Ach...' zegt ze.
Pleun voelt zich verdrietig.

'Ik wou dat ik zo slank was als jij!' zegt ze.
'Ik stond vanmorgen op de weegschaal.
Ik ben de afgelopen weken maar
een halve kilo afgevallen.
Bah!
Waarom lukt het jou wel om af te vallen.
En mij niet?
Wat is je geheim?'
Lexie schudt haar hoofd en zegt:
'Ik heb geen geheim.
Ik wil gewoon gezond leven!
Ik snoep niet.
Ik eet gezond.
En ik sport veel.
Ik wil fit zijn.'
Dan strekt Lexie haar arm naar Pleun uit.
'Kom, laten we weer hardlopen.'
Pleun staat op van de bank.
'Ja, ja,' zucht ze.

Pleun is doodmoe.
Ze zegt: 'Ik kan niet meer!
Ren jij maar verder.'
'Oké,' antwoordt Lexie.
'Ik zie je morgen op school.
En niet vergeten.
Morgen na school gaan we naar het verzorgingshuis.'
Pleun trekt haar bovenlip op.
'O, nee! Morgen in m'n eentje hardlopen.
En ook nog eens naar de bejaarden!
Wat ben ik zielig!'
'Heel zielig,' lacht Lexie.

HOOFDSTUK 5

Mevrouw Van Dam

De volgende dag gaan Pleun en Lexie naar het
verzorgingshuis.
'Elke donderdagmiddag,' zucht Pleun.
'Tot de zomervakantie moeten we elke donderdag
naar de oudjes.'
Pleun en Lexie hebben om half drie bij de receptie
met mevrouw Stapel afgesproken.
Mevrouw Stapel werkt in het verzorgingshuis.
Ze zal hen helpen met de stage.
Ze is hun stagebegeleidster.
Pleun en Lexie waren vorige week ook al
in het verzorgingshuis.
Toen hebben ze met mevrouw Stapel
over de stage gepraat.
Pleun en Lexie hebben later grapjes gemaakt
over de naam van mevrouw Stapel.
'In het bejaardenhuis word je *stapel*gek,' zei Pleun.

Even later komt mevrouw Stapel naar de receptie.
Ze is een magere vrouw van ongeveer vijftig jaar.
Ze geeft Pleun en Lexie een hand.
'Welkom,' zegt ze.
'Ik zal jullie nog even rondleiden door het
verzorgingshuis.
En dan breng ik jullie naar de grote zaal.

Daar kunnen jullie helpen met thee rondbrengen.
En om drie uur is er bingo.'
Achter de rug van mevrouw Stapel rolt Pleun
met haar ogen.
'Nee, hè, bingo,' fluistert ze tegen Lexie.

Na de rondleiding komen Pleun en Lexie
in de grote zaal.
Ze zien allemaal oude mensen aan tafeltjes
bij elkaar zitten.
Sommige bejaarden zitten in rolstoelen,
andere op gewone stoelen.
Een verzorgster komt binnen
met een karretje vol kopjes thee.
Pleun en Lexie mogen helpen met het uitdelen
van de thee.
'Alstublieft,' zegt Pleun.
En ze zet een kopje thee neer voor een kleine mevrouw.
Opeens voelt Pleun dat haar arm wordt vastgepakt.
'Wat heb jij mooie, rode haren!' zegt de kleine mevrouw.
'Jou heb ik nooit eerder gezien.'
'Eh, dank u,' mompelt Pleun.
'Ik ben vandaag voor het eerst.'
De mevrouw heeft nog steeds haar arm vast.
Stevig vast.
Ze begint Pleuns arm te aaien.
En trekt Pleun steeds meer naar zich toe.
Pleun voelt zich ongemakkelijk.
Ze weet niet goed wat ze moet doen.
Zal ze haar arm terugtrekken?
Of zal ze zich laten aanraken?
'Mien, pak toch niet iedereen vast!' roept iemand.

'Je maakt het meisje verlegen.'
Het geluid komt van een oude mevrouw met kort,
grijs haar.
Ze draagt een vrolijk rood vest.
Ze zit in een rolstoel.
Ze tikt de kleine mevrouw op haar schouder en zegt:
'Loslaten, Mien!'
Mien luistert.
Ze laat Pleun los.
Pleun zet gauw een stapje naar achteren.
De mevrouw in het rode vest draait zich om naar Pleun.
Twee blauwe ogen kijken Pleun vriendelijk aan.
'Mien is een beetje in de war,' zegt de mevrouw.
'Ze doet je geen kwaad.
Ze is veel alleen.'
Pleun knikt.
Al begrijpt ze niet helemaal wat de mevrouw
in het rode vest bedoelt.
Pleun kijkt even naar Mien.
Mien zit nu stil in haar stoel en staart voor zich uit.
Ze is Pleun al vergeten.
Ze ziet er klein en een beetje zielig uit.
'Ik ben mevrouw Van Dam,' zegt de mevrouw
met het rode vest.
Pleun stelt zich ook voor.
Dan gaat ze verder met het rondbrengen van de thee.

Even later is het tijd voor de bingo.
'Jullie kunnen de mensen helpen die slecht zien,'
zegt de medewerkster van de thee.
Pleun ziet dat mevrouw Van Dam haar bingoblaadje
dicht bij haar ogen houdt.

Ze loopt naar mevrouw Van Dam en vraagt:
'Kan ik helpen?'
'Graag!' antwoordt mevrouw Van Dam.
'Ik kan de getallen zo slecht lezen.
En ik wil eindelijk eens een keer winnen!
Ik mis altijd de helft van de getallen door
mijn slechte ogen.'
Mevrouw Van Dam wijst op een tafel vol spullen.
'Er zijn mooie prijzen vandaag,' zegt ze.
'Ik heb bonbons gezien en wijn.'

De bingo begint.
Er worden getallen getrokken uit een draaiende bak
met cijfers.
Een vrouw met een microfoon noemt de getallen op.
Bij het derde bingoblaadje wordt het spannend.
Pleun en mevrouw Van Dam kunnen veel getallen
wegstrepen.
Dan is er nog maar één getal over op het blaadje
van mevrouw Van Dam.
Het is het cijfer 3.
'Drie, drie, drie,' fluistert mevrouw Van Dam.
Ze houdt haar blaadje heel stevig vast.
'Ik hoop zo dat het drie wordt!'
'Twintig,' zegt de mevrouw met de microfoon.
'U kunt nu het getal twintig wegstrepen op uw blaadje.'
'Nee, hè,' kreunt mevrouw Van Dam.
Pleun luistert of er iemand in de zaal 'bingo!' roept.
Niemand zegt wat.
'We hebben nog een kans,' fluistert Pleun tegen
mevrouw Van Dam.
Ze houdt even haar adem in.

Ze wacht op het getal dat nu genoemd gaat worden.
'Het volgende getal is...' zegt de mevrouw met de
microfoon.
'Drie.'
'Jáááá, bingo!' juicht mevrouw Van Dam.
Ze heeft haar handen in de lucht gestoken.
Ze zwaait met haar bingoblaadje.
Ze lacht blij naar Pleun.
'Hoera!' roept Pleun.

Mevrouw Van Dam mag een prijs uitkiezen.
'Zal ik uw rolstoel even naar de tafel met
de prijzen rijden?' vraagt Pleun.
'Graag,' zegt mevrouw Van Dam.
Als ze bij de prijzentafel zijn, weet
mevrouw Van Dam snel wat ze wil.
Haar ogen stralen.
Ze kiest een grote doos bonbons.

Na de bingo helpen Pleun en Lexie de mensen
naar hun kamer.
Pleun rijdt de rolstoel van mevrouw Van Dam.
'Kamer 3.11,' zegt mevrouw Van Dam.
Ze gaan met de lift omhoog naar de derde etage.
Pleun brengt mevrouw Van Dam tot in haar kamer.
De kamer is niet groot.
Er staan veel meubels in.
Een tafel, stoelen, twee kasten en een bed.
'Bedankt voor het brengen,' zegt mevrouw Van Dam.
Opeens houdt ze de doos bonbons
voor de neus van Pleun.
'De bonbons zijn voor jou,' zegt mevrouw Van Dam.

'Omdat je me geluk hebt gebracht.'
Pleun schudt haar hoofd en zegt:
'Nee, nee, de bonbons zijn voor u!'
'We hebben ze samen gewonnen,'
zegt mevrouw Van Dam.
'Neem asjeblieft een paar bonbons.
Anders word ik erg verdrietig.
En je wilt een oude vrouw toch niet verdrietig maken...!'
Pleun kijkt naar het gezicht van mevrouw Van Dam.
Mevrouw Van Dam ziet er helemaal niet verdrietig uit.
Dan knipoogt mevrouw Van Dam naar Pleun.
'Toe, neem een paar bonbons,' zegt ze.
Pleun kijkt naar de doos met bonbons.
Ze is dol op bonbons.
'Eentje dan,' zegt ze.

HOOFDSTUK 6

Brood met sla

Op maandag eten Lexie en Pleun in de pauze op school.
Ze zitten in de aula.
Pleun heeft vijf boterhammen in haar broodtrommel.
Ze geniet van haar boterham met worst.
Lexie heeft één boterham bij zich.
Er zit sla op de boterham van Lexie, ziet Pleun.
Alleen sla.
'Vind je sla op brood lekker?' vraagt Pleun verbaasd.
Lexie knikt en zegt:
'Sla op brood smaakt prima.
En sla is gezond.
Ik heb veel over eten gelezen op internet.
Ik heb ook op de site van het Voedingscentrum gekeken.
Vet is niet goed voor je lichaam.
Door te veel vet kun je last van je hart krijgen.
En ook andere lichamelijke klachten.
Daarom eet ik geen vet meer.'
Pleun kijkt naar haar boterham met worst.
'Maar...' zegt ze aarzelend.
'Worst op je brood is toch niet slecht?
Of kaas?'
'Een beetje worst of kaas is misschien niet slecht,'
zegt Lexie.
'Maar je kunt het beste magere dingen eten.

Op de site van het Voedingscentrum kun je precies zien watvoor eten mager is.
Je kunt lezen hoeveel calorieën er in je eten zitten.
Van te veel calorieën op een dag word je dik.
Als je wilt afvallen, moet je magere dingen eten.
Worst is meestal vet.
Ik eet geen worst meer op brood.'
'Pffff,' blaast Pleun.
'Moet ik dus de hele dag calorieën gaan tellen?'
'Ik let heel goed op de calorieën,' zegt Lexie.
Er is een felle blik in haar ogen gekomen.
'Ik weet precies watvoor eten vet is en wat niet!'
Pleun zucht.
'Tjonge, lijnen is moeilijk!
Ik heb wel eens magere kaas gegeten.
Maar ik vond magere kaas helemaal niet lekker!
En sla op brood lijkt me ook niks.
Sla heeft geen smaak.'
Lexie trekt haar schouders op.
'Ach,' zegt ze.
'Ik moest even wennen aan alleen sla op brood.
Maar nu vind ik brood met sla prima.'
Al die vette troep in mijn lichaam, bah!'
'Knap, hoor,' zegt Pleun.
Dan zegt Pleun niets meer.
Ze denkt: Het is wel een beetje raar dat Lexie alleen sla op haar brood eet.
Toch?

Even later vraagt Lexie aan Pleun:
'Heb je Bart gisteravond nog gezien?'
'Ja,' knikt Pleun.

Ze denkt aan gisteren.
En ze voelt zich weer blij.
'Het was gaaf gisteren,' zegt Pleun.
'Bart heeft me gitaarles gegeven.
Hij is bij mij thuis gekomen, met zijn gitaar.
We hebben samen een moeilijk liedje geoefend.
En daarna nog een tijd op bed muziek geluisterd
en gekletst.'
'Wauw... leuk!' zegt Lexie.
Ze zucht.
'Ik zou ook wel verkering willen met een leuke jongen.'
Maar jongens vinden mij niet leuk.'
'Wat een onzin!' roept Pleun.
'Ik zie vaak jongens naar je kijken.'
Lexie trekt haar neus op.
'Alleen slome jongens.'
'Niet waar!' lacht Pleun.
Ze kijkt Lexie nieuwsgierig aan en vraagt dan:
'Met welke jongen zou jij verkering willen?'
Lexie trekt haar schouders op.
'Weet ik niet,' antwoordt ze.
'Met een léuke jongen!
'Maar ik ken niet veel leuke jongens.'
'Ook niemand uit onze klas?' vraagt Pleun.
'Nee... niet echt,' antwoordt Lexie.
'Milan is wel oké...'
Pleun knikt enthousiast en zegt:
'Milan is aardig én hij ziet er goed uit.
Waarom ga je niet vaker met hem praten?
Misschien wordt hij wel smoorverliefd op je!'
Lexie lacht verlegen.
'Vast niet,' zegt ze.

'Ik zeg vaak domme dingen.
Jongens vinden mij saai.'
Pleun schudt haar hoofd.
'Je bent niet saai!' zegt ze.
'Ga gewoon eens een praatje maken met Milan.
Zo heb ik Bart ook leren kennen.'
'Ik weet het niet...' zegt Lexie.

Lexie is even stil, en dan zegt ze:
'Ik heb je gisteravond een sms'je gestuurd.
Niets belangrijks.
Ik had een vraag over wiskunde.
Je hebt niet gereageerd op mijn sms'je.
Toen ik niets van je hoorde, dacht ik al dat Bart
bij je was.'
'Oeps, sorry,' zegt Pleun.
'Vergeten!
Ik heb je sms'je wel gelezen.
Bart was inderdaad bij me.
Ik dacht, ik reageer later wel.'

Lexie haalt haar wiskundeboeken uit haar tas.
'Morgen proefwerk wiskunde,' zegt ze.
Ze kijkt bezorgd.
'Mag ik je wat vragen over wiskunde?'
'Ja, hoor,' antwoordt Pleun.
Pleun heeft niet veel zin in wiskundevragen.
Maar ze zegt toch 'ja' tegen Lexie.
Ze wil Lexie graag helpen.
Pleun weet dat Lexie slecht is in wiskunde.
Op haar kerstrapport had Lexie een 4 voor wiskunde.

HOOFDSTUK 7

Onvoldoendes

Pleun en Lexie zitten een week later bij de wiskundeles.
Ze krijgen hun wiskundeproefwerk terug.
De leraar heet meneer Nilessen.
Het is een klein mannetje met een snor.
De leerlingen noemen hem altijd Nilli.
Maar alleen als hij het niet hoort.
Meneer Nilessen deelt de proefwerken één voor één uit.
De meeste leerlingen hebben het proefwerk
goed gemaakt.
Pleun ziet dat Lexie op haar nagels bijt.
'Goed zo, Pleun, een 7,' zegt meneer Nilessen.
En hij geeft Pleun haar werk terug.
Bij Lexie blijft meneer Nilessen staan.
'Niet goed,' Lexie,' zegt hij hoofdschuddend.
'Je hebt een 3,5.'
Lexie slikt.
Ze kijkt verdrietig.
Als meneer Nilessen weer doorloopt, mompelt Lexie:
'Ik kan ook niets!
De hele klas heeft een voldoende, behalve ik.
Ik ben een sukkel!'
Pleun probeert Lexie te troosten en zegt zacht:
'Het is niet eerlijk, je onvoldoende.
Je hebt hard gewerkt voor het proefwerk.'
'Klopt,' zegt Lexie verdrietig.

'Kun je nagaan hoe dom ik ben!'
'Je bent niet dom,' fluistert Pleun.
'Andere vakken kun je wel.'
Lexie schudt haar hoofd.
'Niet waar,' zegt ze zacht.
'Ik haal veel onvoldoendes de laatste tijd.
Misschien blijf ik wel zitten dit jaar!'
'Nee toch,' zegt Pleun.
'Natuurlijk ga je over!'

In de pauze zitten Pleun en Lexie aan een tafeltje
in de aula.
Hun broodtrommels liggen op tafel.
Er staat een grote fles water naast Lexies broodtrommel.
Pleun ziet dat Lexie weer alleen een boterham met sla
in haar broodtrommel heeft.
Lexie kijkt aarzelend naar haar boterham.
Het lijkt wel alsof ze twijfelt of ze een hap zal nemen.
Dan pakt Lexie haar boterham.
Voorzichtig neemt ze een klein hapje.
Ze kauwt langzaam op het hapje.
Als het hapje op is, neemt Lexie
een paar flinke slokken water.
Ook op het volgende hapje kauwt Lexie heel lang.
Na het hapje zucht ze.
Ze kijkt Pleun aan en zegt:
'Ik baal van mijn onvoldoende!
Zullen we vanmiddag na school iets leuks doen?
Ik wil vrolijker worden.'
Pleun denkt even aan Bart.
Ze zou vanmiddag naar Bart gaan.

Maar Bart sms'te vanmorgen dat hij
onverwacht moet oefenen met zijn band.
Hij heeft dit weekend weer een optreden op een feestje.
Jammer, hij heeft nu geen tijd voor mij, denkt Pleun.
'Lijkt me leuk om samen iets gezelligs te doen,' zegt ze.
'Zullen we naar het winkelcentrum gaan?
Ik hoorde dat meer meiden uit onze klas vanmiddag
naar het winkelcentrum gaan.
Het is altijd gezellig bij de bankjes bij de friettent.
En we zijn al een tijd niet meer geweest.'
'Hm, ik heb niet zo'n zin in het winkelcentrum,'
antwoordt Lexie.
'Ik ga liever naar huis.
Misschien kunnen we samen muziek maken.
En ik heb iets voor je van internet gehaald.
Ik vergeet steeds om het mee te nemen.'
'Oké, we gaan naar jou,' zegt Pleun.
Dan vraagt ze nieuwsgierig: 'Wat heb je van
internet gehaald?'
'Iets over hardlopen,' antwoordt Lexie.
'Schema's hoe je het hardlopen moet opbouwen.
Ik heb ze voor je op een stick gezet.
Voor je i-pod.
Er staat een stem op.
Als je aan het hardlopen bent,
kun je naar de stem luisteren.
De stem zegt precies wanneer je moet *lopen* en wanneer
je moet *rennen*.'
'Hé, gaaf!' zegt Pleun.
'Loop ik toch niet in m'n eentje.'

HOOFDSTUK 8

Mager

Een maand later lopen Pleun en Lexie
in het park bij het verzorgingshuis.
Ze duwen allebei een rolstoel.
Pleun duwt de rolstoel van mevrouw Van Dam.
Lexie duwt de rolstoel van een oude meneer.
Pleun heeft haar jas open.
Het is lekker weer buiten.
Het is lente.
Mevrouw Van Dam wijst naar een heg en zegt:
'Wil je me even naar die beukenhaag rijden?
Ik wil kijken of er al blaadjes aan de takken komen.'
'Ja, hoor,' antwoordt Pleun.
En ze rijdt de rolstoel van mevrouw Van Dam
tot vlakbij de beukenhaag.
Mevrouw Van Dam trekt een takje van de heg
naar zich toe.
Ze houdt het takje dichtbij een van haar ogen.
'Mooi,' zegt ze tevreden.
'De knoppen zijn aan het opengaan.
Er zullen gauw blaadjes aan de haag komen.'
Pleun kijkt ook even naar het takje.
Ze ziet dat mevrouw Van Dam gelijk heeft.
Pleun lacht.
Mevrouw Van Dam zegt soms grappige dingen.

Dan gaan Pleun en mevrouw Van Dam weer verder.
Lexie loopt voor hen met de oude meneer in de rolstoel.
Lexie en de oude meneer praten niet.
Mevrouw Van Dam kijkt naar Lexie.
'Je vriendin is wel erg mager,'
zegt mevrouw Van Dam opeens.
'Ik zie niet zo goed.
Maar dat ze mager is, kan ik zien.'
'Ja,' zegt Pleun.
En ze kijkt naar Lexies lichaam.
Lexie draagt vandaag een strakke spijkerbroek
en een korte jas.
Je kunt nu goed zien dat Lexie heel dunne benen heeft.
Zo dun zijn Lexies benen nog nooit geweest.
Het is Pleun ook opgevallen dat Lexie
mager is geworden.
Vorige week droeg Lexie een strakke trui.
Toen schrok Pleun van de smalle armen
en schouders van Lexie.
Ook Lexies gezicht is mager geworden.
En Lexie ziet er vaak moe uit.
'Eet je vriendin wel goed?' vraagt mevrouw Van Dam.
'ik weet het niet...' zegt Pleun aarzelend.
Op school eet Lexie maar één boterham.
Meer ziet Pleun haar vriendin niet eten.
Wel drinkt Lexie veel water.
'Lexie sport veel,' zegt Pleun.
'Hm,' zegt mevrouw Van Dam.
'Als je veel sport, moet je goed eten.
Anders val je om.
Ik vind het niet mooi, zo mager.
Ik kijk liever naar jou!'

Pleun lacht verlegen.
'Ach, ik zou wel slanker willen zijn.'
Mevrouw Van Dam draait zich om in de rolstoel en zegt:
'Jullie jonge meiden willen allemaal zo dun zijn.
Een beetje vet is veel gezonder.'
Dan zucht mevrouw Van Dam.
'Ik wou maar dat mijn lichaam nog jong was.
En dat mijn benen nog goed werkten.
Vroeger kon ik overal naartoe lopen.
Nu moet ik andere mensen steeds om hulp vragen.
En wachten tot iemand me haalt of brengt.
Ik ben afhankelijk geworden van anderen.
Dat vind ik heel vervelend.'
Pleun knikt.
Ze weet niet goed wat ze zeggen moet.
Het lijkt haar vreselijk om in een rolstoel te zitten.

Even is mevrouw Van Dam stil.
Dan knipoogt ze naar Pleun.
'Er zijn nog steeds leuke dingen in het leven, hoor,'
zegt ze.
'Zoals buiten zijn in de lente.
En een brief krijgen van mijn dochter uit Amerika.'
'Hebt u deze week iets van uw dochter gehoord?'
vraagt Pleun.
Ze weet dat mevrouw Van Dam één dochter heeft.
De dochter van mevrouw Van Dam woont al jaren
in Amerika.
Ze schrijft haar moeder elke week een brief.
'Nee, ik heb nog geen brief van mijn dochter gehad,'
zegt mevrouw Van Dam.
Ze heeft niet veel tijd.

Het is lastig voor mijn dochter om vrij te krijgen
van haar werk.
In Amerika krijg je maar heel weinig vakantiedagen.
Ik kijk elke dag naar de post.
Over zeven weken word ik 90 jaar.
Ik hoop toch wel dat mijn dochter
op mijn verjaardag kan komen!'
'Dat hoop ik ook voor u,' zegt Pleun vriendelijk.

Als Pleun en Lexie aan het eind van de middag
naar huis fietsen, vraagt Pleun:
'Ben je nog steeds aan het lijnen?'
Lexie knikt.
'Ik let op wat ik eet,' antwoordt ze.
'Ik eet alleen gezonde dingen.'
Pleun denkt na.
Het is goed om gezond te leven.
Maar Lexie is nu wel erg dun geworden.
'Je bent zo mager geworden,' zegt Pleun voorzichtig.
Lexie kijkt Pleun boos aan.
'Ik ben niet mager!' zegt ze.
Ik heb nog steeds lelijke, brede heupen!
En een dikke buik!'
Pleun kijkt verbaasd.
Brede heupen en een dikke buik?
Lexie heeft juist smalle heupen gekregen!
En haar buik is ook helemaal niet dik.
'Ik vind je heupen niet breed,' zegt Pleun.
En een dikke buik zie ik ook niet bij jou.'
'Nou, ik wel!' zegt Lexie boos.
'Oké,' zegt Pleun.
Ze zegt niets meer.

Ze begrijpt niet dat Lexie zichzelf nog dik vindt.
En ook niet waarom Lexie zo fel reageert.
Ze vindt Lexie *anders* de laatste tijd.
Stiller.
En je kunt minder met haar lachen.

'Hoe gaat het met hardlopen?' vraagt Lexie even later.
'Prima!' antwoordt Pleun.
'Ik heb deze week al drie keer hardgelopen.
En kan nu een half uur zonder pauze rennen.
Ik ben heel blij met de hardloopschema's,
die ik van jou heb gekregen.
De stem op mijn i-pod vind ik heel fijn bij het rennen.'
'Goed zo!' zegt Lexie.
Pleun klopt op haar buik.
'Ik begin af te vallen,' zegt ze trots.
'En ik voel me fitter door het hardlopen.'
Ze lacht en zegt ook nog:
'Alleen de bonbons van mevrouw Van Dam
zijn niet goed voor mij.
Bij het afscheid krijg ik altijd een paar bonbons
van mevrouw Van Dam.
En ik kan nooit "nee" zeggen.'
'Ik heb een tip,' zegt Lexie.
'Als ik een dag te veel gegeten heb,
ga ik een half uur langer rennen.
Zo word ik nooit te dik.'
'Eet jij wel eens te veel?' vraagt Pleun verbaasd.
Ze ziet Lexie nooit snoepen.
Ze ziet Lexie alleen maar een boterham met sla eten.
En veel water drinken.

Lexie knikt.
'Thuis eet ik wel eens te veel,' mompelt ze.

'Hoe gaat het hardlopen bij jou?' vraagt Pleun.
'Vast supergoed!'
'Het is gek,' antwoordt Lexie.
'Het hardlopen gaat minder de laatste tijd.
Ik ben sneller moe.
Ik kan het rennen minder goed volhouden.
Ik denk dat ik gewoon nog meer moet hardlopen.'

HOOFDSTUK 9

Een rot sms'je

Het is zaterdagmorgen.
Pleun zit op haar kamer stil op haar bed.
Met haar mobiele telefoontje in haar hand.
Er lopen tranen over haar wangen.
Ze is vreselijk verdrietig.
Een uur geleden heeft ze een sms'je van Bart gekregen.
Het is een kort sms'je en er staat:

Hoi Pleun,
Ik heb lang nagedacht.
Ik vind je heel leuk en aardig.
Maar ik wil geen verkering meer met je.
Ik wil vrij zijn, sorry.
Groetjes, Bart

Pleun heeft Bart meteen gebeld.
Maar hij wou niet lang praten.
'Het was altijd heel leuk met jou,' zei hij.
'Toch wil ik vrij zijn.'
Bart klonk een beetje schor.
Alsof hij ook verdrietig was.

Er wordt op Pleuns deur geklopt.
Pleun zegt niets.
Haar deur gaat open.

Haar jongere broer Emiel komt de kamer binnen.
'Rot op!' schreeuwt Pleun.
Ze schrikt zelf van haar boze reactie.
Maar ze wil alleen zijn.
'Nou, zeg!' roept Emiel boos.
'Wat doe je raar.
Ik kom een cd lenen.
Trut!'
Met een klap gooit hij de deur weer dicht.
Shit, denkt Pleun.
Nou gaat Emiel vast klagen bij mama.
En komt mama zeuren waarom ik zo gemeen doe.
Pleun veegt de tranen van haar wangen.
Weg hier! denkt ze.

Pleun zit op de fiets.
Ze is gauw het huis uitgegaan
en heeft haar moeder niet gezien.
Pleun denkt aan Bart.
De tranen lopen weer over haar wangen.
Ze kan bijna niet stoppen met huilen.
Een mevrouw op de fiets kijkt haar verbaasd aan.
'Gaat het?' vraagt de vrouw vriendelijk.
Pleun fietst hard door.
Ik ga naar Lexie, denkt Pleun opeens.
Ze stopt en sms't met trillende vingers
naar Lexie of ze langs kan komen.
Een minuut later sms't Lexie dat ze kan komen.

Gelukkig doet Lexie zelf de deur open.
De tranen rollen nog steeds over Pleuns wangen.
Lexie slaat geschrokken een arm om Pleun heen.

Als ze op Lexies kamer zijn, snikt Pleun:
'Bart heeft onze verkering uitgemaakt.'
Ze pakt haar mobiel en laat het sms'je zien.
'H-hier, kijk maar,' hikt ze.
Lexie leest het berichtje en roept dan boos:
'Heeft hij 't uitgemaakt met een sms'je!
Wat een klootzak!
Hij durft het je niet recht in je gezicht te zeggen.
Laf, hoor.'
Pleun stopt met huilen.
Ze knippert met haar ogen en kijkt naar Lexie.
Zo boos heeft ze Lexie niet vaak gezien.
En Lexie heeft gelijk.
Het is best laf om je verkering uit te maken
met een sms.
'Bart is misschien een beetje laf,' zegt Pleun.
'Maar ik wil hem niet kwijt!'
Lexie knikt.
Ze geeft Pleun een zakdoek.

Als Pleun haar tranen heeft gedroogd, zegt ze:
'Weet je wat maf is?
Ik ben de laatste weken 3 kilo afgevallen.
Mijn lichaam ziet er beter uit.
En toch wil Bart me niet meer.
Het afvallen was dus voor niets!
Ik stop met lijnen!'
Pleuns lip begint weer te trillen.
'Bart wil vrij zijn,' snikt ze.
'Hij wil vast achter allemaal leuke
en mooie meiden aan!'

'Jij bent hartstikke leuk,' zegt Lexie.
'En Bart is dom.'

Pleun blijft een hele tijd bij Lexie.
Lexie is lief voor Pleun.
De steun van Lexie doet Pleun goed.
Langzaam wordt ze rustiger.
Ze belt naar huis om te zeggen dat ze bij Lexie is.
En ze vertelt ook aan haar moeder
dat haar verkering uit is.

HOOFDSTUK 10

Bij de bankjes

Na het weekend gaat Pleun gespannen naar school.
Ze vindt het moeilijk om Bart te zien.
En ze wil geen lastige vragen van haar klasgenoten
over Bart.
Gelukkig zit Bart niet bij Pleun in de klas.
Pleun zit in de derde klas.
Bart in de vierde.

In de kleine pauze ziet Pleun Bart lopen.
Hij steekt zijn hand naar haar op.
Pleun groet hem terug en draait zich snel om.
Ze wil haar tranen niet laten zien.
Het doet pijn om Bart te zien.
Hij is zo leuk!

Na de lessen komt Annika naar Pleun en Lexie toe.
Ze zit bij Pleun en Lexie in de klas.
Pleun vindt Annika aardig.
'Komen jullie straks ook naar het winkelcentrum?'
vraagt Annika.
Lexie schudt haar hoofd.
'Ik kan niet,' zegt ze.
'Ik heb saxofoonles.'
Pleun denkt even na .
Het is vaak gezellig bij de bankjes in het winkelcentrum.

Er wordt veel gelachen.
'Ik weet het niet...' zegt Pleun aarzelend.
Dan zegt ze opeens: 'Het is uit met Bart.'
'Hè, wat rot!' roept Annika.
Ze kijkt Pleun meelevend aan.
Pleun bijt op haar lip en knikt.
Ze is blij dat Annika niet meteen vraagt:
'Waarom is het uit?'
'Misschien moet je nu juist naar
het winkelcentrum gaan,' zegt Annika.
'Kom gezellig bij ons.
Thuis denk je waarschijnlijk alleen maar aan Bart.
En als je het niet leuk vindt bij de bankjes,
dan ga je toch gewoon weer!'
'Je hebt gelijk,' zegt Pleun.
'Ik kom vanmiddag even.'

Als Pleun 's middags bij het winkelcentrum komt,
ziet ze dat er vier meiden uit haar klas zijn
en drie jongens.
Annika is er ook.
Ze staat te kletsen met Isabelle en Milan.
Pleun gaat bij Annika staan.
'Hoi Pleun,' groet Annika.
En ze geeft Pleun een knipoog.
Isabelle en Milan groeten Pleun ook.
Een tijdje wordt er gepraat over een
grappig tv-programma.
Dan opeens vraagt Milan: 'Waar is Lexie eigenlijk?
Waarom komt ze nooit meer naar de bankjes?
Ik heb haar al een tijd niet meer gezien.'

'Eh, Lexie moest vanmiddag naar saxofoonles,'
antwoordt Pleun.
Ze weet niet wat ze nog meer moet zeggen.
Ze begrijpt niet waarom Lexie nooit meer
naar het winkelcentrum wil.
'Pfff, saxofoonles,' zegt Isabelle.
'Nou, bijzonder, hoor...
Misschien voelt Lexie zich te goed voor ons.
En komt ze daarom niet meer naar de bankjes.'
'Dat is niet waar!' zegt Pleun fel.
'Lexie heeft het gewoon druk.
En, eh, ja...'
Isabelle onderbreekt Pleun en zegt:
'Te druk, ja, ja.
De dunne spriet heeft het te druk!
Met haar saxofoon, ha, ha.'
Pleun wil boos reageren.
Maar Milan zegt snel:
'Doe niet zo stom, Isabelle!'
Hij kijkt Pleun vragend aan.
'Lexie komt heus wel weer een keer
in het winkelcentrum.
Ja, toch?'
Pleun trekt haar schouders op.
'Ik weet het niet,' zegt ze.

HOOFDSTUK 11

Heel wit

Pleun en Lexie zijn op weg naar de gymles.
'Waarom wilde je gisteren niet mee
naar het winkelcentrum?' vraagt Pleun.
'Het was gezellig.
Milan vroeg of je ook weer een keer kwam.'
Lexie kijkt Pleun even geschrokken aan.
'O... vroeg Milan naar mij,' mompelt ze.
Haar wangen krijgen een kleur.
Pleun knikt en zegt:
'Het is jammer dat je niet meer naar
het winkelcentrum komt.'
Lexie kijkt naar de grond.
'Ik had saxofoonles,' zegt ze.
'Je saxofoonles duurt een half uur,' zegt Pleun verbaasd.
'Vroeger kwam je na saxofoonles vaak nog even
naar de bankjes.'
Lexie trekt haar schouders op en zegt:
'Ik had het druk.
En ik ben gaan hardlopen.'
'Ik dacht dat je Milan leuk vond?' vraagt Pleun.
'Bij de bankjes kun je met hem kletsen.'
'Er hangt een vieze frietlucht bij de bankjes,'
mompelt Lexie.
Pleun kijkt haar verbaasd aan.

Lexie zegt niets meer.
Haar gezicht staat verdrietig.

Als Pleun na het omkleden in de gymzaal komt,
ziet ze twee doelen staan.
Leuk, voetbal, denkt ze.
Ze heeft zin om tegen een bal te trappen!
Zo wordt ze misschien wakker.
Ze heeft slecht geslapen vannacht.
Ze heeft de halve nacht aan Bart gedacht.
Waarom wil hij vrij zijn?
Is hij verliefd op iemand anders?

Het voetballen begint.
Mevrouw Koenen, de gymlerares, blaast op haar fluitje.
Ze is een grote vrouw, met kort, donker haar.
Zo hard ze kan, trapt Pleun tegen de bal.
Ze vindt het heerlijk om te rennen en te schoppen.
Pleun en Lexie zitten bij elkaar in het team.
Al gauw merkt Pleun dat Lexie niet goed speelt.
Lexie mist de bal vaak en loopt niet erg hard.
'Hup Lexie!' roept Pleun.
Het helpt niet.
Lexie loopt steeds langzamer.
Pleun kijkt verbaasd naar haar vriendin.
Wat is er met Lexie?
Lexie was altijd heel goed in voetbal.
Opeens blijft Lexie stilstaan op het veld.
Ze grijpt naar haar hoofd.
Pleun ziet dat Lexie een heel wit gezicht heeft.
En donkere kringen onder haar ogen.
Geschrokken loopt Pleun naar Lexie toe.

'Ik voel me niet lekker,' hijgt Lexie.
Ze wankelt op haar benen.
Pleun wil haar vriendin vastpakken.
Maar ze is te laat.
Lexie valt op de grond.
En blijft stil liggen.

Dan gaat alles heel snel.
Mevrouw Koenen rent naar Lexie toe.
Ze knielt bij Lexie neer en voelt haar pols.
Ook Pleun zit geknield bij Lexie.
De andere meiden uit de klas komen
om hen heen staan.
'Gaan jullie op de bank zitten!' roept mevrouw Koenen.
'Isabelle, haal jij de conciërge!'
Mevrouw Koenen knijpt hard in Lexies oorlel.
'Ahhh,' kreunt Lexie zacht.
Ze knippert met haar ogen.
Gelukkig, Lexie komt weer bij, denkt Pleun.
En ze grijpt de hand van haar vriendin.
'W-w-wat is er gebeurd?' stamelt Lexie.
'Je bent flauwgevallen,' zegt mevrouw Koenen.

Mevrouw Koenen en de conciërge helpen
Lexie met opstaan.
Ze brengen haar naar het kantoor van de conciërge.
Pleun mag ook mee.
Lexie wordt op een stoel gezet.
Met haar benen iets hoger op een andere stoel.
Ze krijgt een koude doek in haar nek.
'Het gaat wel weer,' mompelt Lexie.
Mevrouw Koenen buigt zich over Lexie heen.

'Heb jij vanmorgen wel gegeten?' vraagt ze.
'Eh... ja, nee, niet veel,' stamelt Lexie.
'Ik had haast.'
Mevrouw Koenen knikt en zegt:
'Je hebt waarschijnlijk te weinig gegeten vanmorgen.
Daarom ben je flauwgevallen bij het sporten.
Als je sport, moet je genoeg eten.
Ik heb vaker meegemaakt dat iemand flauwvalt
door te weinig eten.'
Mevrouw Koenen pakt een grote mueslikoek.
'Hier,' zegt ze.
En ze geeft Lexie de koek.
'Als je wat gegeten hebt, zul je je beter voelen.'
Lexie schudt haar hoofd.
'Ik hoef geen koek!' zegt ze.
'Ik voel me weer goed.'
Mevrouw Koenen kijkt Lexie onderzoekend aan.
'Eet dan de helft van de koek,' zegt ze.
'Ik wil heel graag dat je iets eet.'
Lexie zucht.
Met een vies gezicht neemt ze een klein hapje
van de koek.
Ze kauwt heel langzaam op de koek.
En kijkt alsof ze moet overgeven.

Dan loopt mevrouw Koenen naar de telefoon
in het kantoor.
Ze belt de ouders van Lexie.
Ze praat met Lexies moeder.
Pleun zit naast Lexie op een stoel.
'Ik lust geen mueslikoek,' fluistert Lexie tegen Pleun.
Ze heeft de mueslikoek in haar hand

en probeert de koek stiekem aan Pleun te geven.
'Wil jij de koek voor mij verstoppen?' vraagt Lexie.
Pleun aarzelt.
Moet ze de koek verstoppen?
Misschien heeft mevrouw Koenen gelijk.
En moet Lexie meer eten.
'Asjeblieft!' zegt Lexie.
Ze kijkt Pleun smekend aan.
Lexies ogen staan heel bang, ziet Pleun.
Ze begrijpt niet waarom Lexie bang is.
Is Lexie bang voor mevrouw Koenen?
Of voor haar ouders?
'Toe nou!' fluistert Lexie.
'Oké,' zegt Pleun.
En ze pakt de koek van Lexie aan.
Er is bijna niets van de koek gegeten, ziet Pleun.
'Even naar wc,' mompelt ze.
Ze staat op en loopt het kantoor uit.
Op de wc gooit ze de koek in de prullenbak.

Pleun komt terug in het kantoor.
Lexie belt met haar moeder.
'Nee, mam,' zegt Lexie in de hoorn.
'Je hoeft je vergadering niet af te zeggen.
'Ik voel me weer prima.
Waarschijnlijk ben ik een beetje verkouden.
En heb ik te hard gerend met gym.'
Lexie is even stil.
Ze luistert naar haar moeder.
'Afgesproken!,' zegt Lexie met een zucht.
'De conciërge brengt mij zo naar huis.'

Na het gesprek met Lexies moeder,
gaat Lexie naar de wc.
Het duurt een tijdje voor ze terugkomt.
Er zitten een paar waterdruppels op Lexies gezicht,
ziet Pleun.
Als Lexie haar even aankijkt, schrikt Pleun.
Lexies ogen zijn rood.
Wat heeft Lexie op de wc gedaan? denkt Pleun.
Zou ze gehuild hebben?
Pleun wil iets tegen haar zeggen.
Maar Lexie heeft zich omgedraaid.
'Dag,' zegt ze.
En ze loopt met de conciërge naar de uitgang.

HOOFDSTUK 12

Zeur niet!

De volgende dag is Lexie weer op school.
'Hoe gaat het?' vraagt Pleun aan het begin van het
eerste lesuur.
'Prima!' antwoordt Lexie.
En ze haalt haar lesboek uit haar tas.
Ook andere klasgenoten vragen hoe het met Lexie is.
'Goed, hoor,' antwoordt Lexie elke keer.
Pleun kijkt naar haar vriendin.
Ze vindt Lexie nog steeds heel bleek.
Ook draagt Lexie een dikke, wollen trui.
Vreemd, denkt Pleun.
Het is helemaal niet koud op school.
En buiten ook niet.
'Heb je het koud?' vraagt Pleun.
Lexie knikt.
'Mijn lichaam wil de laatste tijd maar niet warm
worden.'

Als Pleun en Lexie in de grote pauze op het schoolplein
zijn, vraagt Pleun:
'Waarom wilde je gisteren geen mueslikoek eten?
Je vond mueslikoeken altijd lekker.'
Lexie trekt haar schouders op.
'Nu hou ik niet meer van koeken,' antwoordt ze.
'Je weet toch dat ik niet meer snoep!'

Pleun is even stil en zegt dan aarzelend:
'Toch gek, dat je gisteren flauwviel.
Misschien eet je te weinig.
En ben je daarom flauwgevallen...'
Lexie kijkt Pleun boos aan.
'Begin jij nou ook al over mijn eten!' roept ze.
'Zeur niet!
Je lijkt mijn ouders wel!
Mijn ouders hebben gisteren de hele avond zitten
zeuren dat ik meer moet eten!
Ik word gek van ze!
Mijn vader heeft vanmorgen zelfs mijn brood gesmeerd!
Alsof ik een klein kind ben!'
Pleuns mond valt geschrokken open.
Zo boos heeft ze Lexie nog nooit meegemaakt.
'Maar...' begint Pleun.
Lexie laat Pleun niet uitpraten.
Lexies ogen fonkelen van boosheid.
'Ik ben gewoon verkouden!' zegt ze.
'Daarom viel ik flauw!
Over eten wil ik niets meer horen!
Ik weet zelf prima wat goed voor me is!'
Pleun knippert met haar ogen.
Ze vindt Lexies boosheid overdreven.
'Nou, zeg!' roept Pleun.
'Wat doe je raar!
Je hoeft niet zo boos tegen mij te doen!
Ik stelde gewoon een vraag!'
Lexie schudt haar hoofd.
'Nietwaar, je stelde geen vraag!
Je zéurde over mijn eten!'
Er komen tranen in Pleuns ogen.

Ze slikt en zegt met trillende stem:
'Je vindt dat ik zeur.
Nou, dan heb ik een prima idee.
Barst jij maar!
Trut!'

Pleun draait zich om en loopt de school in.
Ze gaat naar de wc.
Zittend op de wc-bril lopen de tranen over haar wangen.
'Wat een rotweek,' huilt ze.

Als de schoolbel gaat, droogt Pleun haar tranen.
Bij de wastafel doet ze met haar handen
koud water over haar gezicht.
Met een papieren handdoekje droogt ze haar gezicht.
Daarna kijkt ze in de spiegel naar zichzelf en zegt:
'Lexie en Bart kunnen barsten!'

Nog net op tijd is Pleun in het lokaal.
Ze hebben Frans.
Het is het laatste lesuur van die dag.
Pleun en Lexie zitten naast elkaar.
Ze zeggen helemaal niets tegen elkaar.
Na de les komt Annika naar Pleun en Lexie toe.
'Komen jullie vanmiddag ook naar het winkelcentrum?'
vraagt Annika.
'Leuk!' zegt Pleun luid.
'Ik kan niet,' mompelt Lexie.
Ze pakt haar tas en loopt het lokaal uit.
Annika kijkt Lexie een beetje verbaasd na.
'O... ' zegt ze.
'Lexie is snel weg.

Is ze weer niet lekker?'
'Pfff, ik snap de laatste tijd niets meer van Lexie,'
zegt Pleun.
'Ze zal het wel druk hebben.'
Nu kijkt Annika verbaasd naar Pleun.
'Ik dacht dat jullie vriendinnen waren,' zegt ze.
Pleun zucht en zegt dan:
'Ik heb geen zin om over Lexie te praten.
Kom, we gaan vanmiddag lol maken!'
'Goed idee!' lacht Annika.

HOOFDSTUK 13

Bij de keukentafel

Het is gezellig bij de bankjes in het winkelcentrum.
Pleun probeert vrolijk mee te doen.
Ze kijkt vaak op haar mobieltje.
Ze hoopt op een sms'je van Lexie.
Of van Bart.
Ze hoopt dat Bart sms't dat hij weer verkering wil.
En ze hoopt dat Lexie sms't dat ze spijt heeft
van hun ruzie.
Haar telefoon blijft stil.

Als Pleun thuis op haar kamer is,
kijkt ze meteen op haar computer.
Er zijn geen berichten voor haar van Bart of Lexie.
Pleun speelt een tijdje op haar gitaar.
Even vergeet ze alles.
Ze vindt het heerlijk om gitaar te spelen.
Dan roept haar vader dat het etenstijd is.

Pleun zit aan de keukentafel met haar vader en moeder
en haar broer Emiel.
Ze merkt dat ze geen honger heeft.
Ze schuift haar avondeten heen en weer op haar bord.
Ze denkt aan haar ruzie met Lexie.
Emiel vertelt verhalen over school.
Pleun luistert nauwelijks naar hem.

Opeens voelt ze een hand op haar arm.
Het is haar moeder.
Die zit naast haar.
Ze kijkt haar onderzoekend aan.
'Gaat het?' vraagt haar moeder zacht.
Pleun slikt.
'Het gaat wel,' zegt ze.

Na het eten gaan Pleuns vader en Emiel tv kijken.
Pleun en haar moeder ruimen de tafel af.
'Je was stil aan tafel,' zegt Pleuns moeder.
Pleun knikt.
Ze kan meestal goed met haar moeder praten.
Ze besluit haar moeder te vertellen over Lexie.
Ze blijft staan bij de keukentafel.
Pleuns moeder blijft ook staan.
'Ik heb ruzie met Lexie,' zegt Pleun.
'Lexie doet heel stom de laatste tijd!
Ze kan bijna alleen maar over eten praten.
En over afvallen.
Ze is heel dun geworden.
Maar ze vindt zichzelf nog steeds te dik.
Ik mag niet zeggen dat ze te weinig eet.
Lexie werd vanmiddag heel boos op mij.
Ze zei dat ik zeurde!'
'Ach,' zegt Pleuns moeder.
'Wat vervelend dat jullie ruzie hebben.'
Ze is even stil en zegt dan:
'Het gaat dus niet goed met Lexie?'
'Ik weet het niet,' zegt Pleun.
'Maar als Lexie zo stom blijft doen, wil ik geen
vriendinnen meer zijn!'

Pleuns moeder kijkt verbaasd.
'Maar jullie zijn al jaren vriendinnen,' zegt ze.
'Je zegt altijd dat Lexie je beste vriendin is.
Nu gaat het niet goed met Lexie.
En nu wil jij geen vriendinnen meer zijn?'
Pleun zucht.
'Misschien is Lexie ziek,' zegt Pleuns moeder.
'Toen Lexie de laatste keer hier was,
vond ik haar ook erg mager.
Misschien is Lexie lichamelijk ziek.
Of misschien is ze geestelijk ziek.'
Pleun kijkt haar moeder verbaasd aan.
'Hoe bedoel je?'
'Als Lexie zichzelf nog steeds te dik vindt,'
antwoordt Pleuns moeder.
'En alleen maar bezig is met afvallen.
Dan is ze misschien in de war, in haar hoofd.
Heb je wel eens van de ziekte anorexia gehoord?'
Pleun knikt aarzelend en zegt:
'Ik heb wel eens van anorexia gehoord.
Maar ik weet niet veel van die ziekte.'
'Ik heb laatst een programma op tv over anorexia
gezien,' zegt Pleuns moeder.
Anorexia is een heel ernstige ziekte.
Mensen met anorexia zijn verslaafd aan afvallen.
Ze hebben een verkeerd idee van hun lichaam.
Ze blijven maar denken dat ze te dik zijn.
Ook al zijn ze heel mager.
Ze blijven maar bezig met afvallen.
Waardoor ze steeds dunner worden.
En dat is erg ongezond.
Hun lichaam krijgt veel te weinig gezond eten binnen.'

Pleun kijkt haar moeder hoofdschuddend aan.
'Hoe kan Lexie nu nog steeds denken dat ze te dik is?
Ze kan toch in de spiegel zien dat ze erg mager is!'
'Tja,' antwoordt Pleuns moeder.
'Ik weet het niet.
Ik ben geen dokter.
Probeer maar lief voor Lexie te zijn.
Ook al begrijp je haar niet.
Als Lexie anorexia heeft, zal ze het moeilijk hebben.
In het tv-programma zag ik mensen met anorexia.
Ze waren heel ongelukkig en eenzaam.
Ze waren in hun hoofd alleen nog maar met eten bezig.
En konden nergens meer van genieten.'
Pleun knikt nadenkend en zegt:
'Lexie is inderdaad bijna nooit meer vrolijk.
Oké, ik zal proberen aardig tegen haar te zijn.'
Pleuns moeder geeft Pleun een zoen.

HOOFDSTUK 14

Sorry

De volgende dag op school praten Lexie en Pleun
nog steeds niet tegen elkaar.
Pleun weet niet wat ze moet doen.
Ze wil graag dat het weer goed is tussen haar en Lexie.
Ze denkt aan het gesprek met haar moeder.
Ze heeft spijt dat ze rotdingen tegen Lexie heeft gezegd.
Maar, hoe moet ze de ruzie weer goed maken?

In de grote pauze gaat Pleun bij Annika staan.
Lexie loopt naar een ander groepje klasgenoten.
Pleun kijkt af en toe naar haar.
Ze ziet dat Lexie met haar broodtrommel
naar een prullenbak loopt.
Lexie verstopt de broodtrommel achter haar rug.
En gooit zo onopvallend mogelijk
haar brood in de prullenbak.
Misschien heeft Lexies vader weer
Lexies brood gesmeerd? denkt Pleun.
En heeft hij vette worst op het brood gedaan?
Of eet Lexie helemaal geen brood meer?

Als Pleun na het laatste lesuur
naar de fietsenstalling loopt,
ziet ze dat Lexie ook haar fiets uit de stalling haalt.

De meiden hebben vanmiddag weer
stage bij de bejaarden.
Wat nu? denkt Pleun.
Moet ik nu achter Lexie gaan fietsen?
Pleun kijkt naar Lexie.
Ze ziet dat Lexie ook naar haar kijkt.
Met de fiets in haar hand blijft Lexie aarzelend staan.
Pleun loopt naar haar toe.
'Wat doen we?' vraagt Pleun.
'Fietsen we samen?
Of, eh...'
'Samen fietsen is gezelliger,' antwoordt Lexie.
Pleun knikt.
Ze is heel blij dat zij en Lexie weer tegen elkaar praten!

In het verzorgingshuis is er bingo.
Pleun en Lexie helpen mee.
Pleun merkt dat mevrouw Van Dam niet veel zegt.
Mevrouw Van Dam is minder vrolijk dan anders.
Na de bingo brengt Pleun mevrouw Van Dam
in de rolstoel naar haar kamer.
'Voelt u zich niet lekker?' vraagt Pleun.
'Hoezo?' vraagt mevrouw Van Dam.
'U zei niet veel vanmiddag,' antwoordt Pleun.
Mevrouw Van Dam draait zich om in haar rolstoel.
Ze kijkt Pleun verbaasd aan.
'Wat bijzonder dat je merkt dat ik me niet zo goed voel,'
zegt ze.
'De zusters hier merken nooit iets.'
Mevrouw Van Dam is even stil en zegt dan:
'Er is niets ergs, hoor.

Ik heb vandaag een brief gekregen van mijn dochter
uit Amerika.
Ze kan pas in de herfst naar Nederland komen.
Ze komt dus niet op mijn 90ste verjaardag.
En daar ben ik een beetje verdrietig van.
Morgen voel ik me waarschijnlijk weer vrolijker.'
'Wat jammer dat uw dochter niet kan komen!'
zegt Pleun.

Op de fiets naar huis praten Pleun en Lexie
over mevrouw Van Dam.
'Zullen we mevrouw Van Dam verrassen?' vraagt Pleun.
'Zullen we iets leuks voor haar 90ste verjaardag
bedenken?'
Lexie knikt.
'Maar wat?'
'Een reuzetaart bakken?' vraagt Pleun.
'Nee, een taart bakken is saai,' zegt Lexie.
Nietwaar, denkt Pleun.
Maar ze zegt niets.
'Ik heb een idee!' zegt Lexie opeens.
'We kunnen muziek voor mevrouw Van Dam maken.
Toen mijn oma 80 werd, hebben we liedjes van vroeger
voor haar gezongen.
Mijn oma vond de liedjes heel mooi.'
Pleun tikt enthousiast met een hand op haar stuur.
'Ja!' roept ze.
'Muziek maken is een cool idee!
Misschien kunnen we optreden
voor het verjaardagsbezoek.
Ik zal volgende week aan mevrouw Stapel vragen
of dat goed is.'

De meiden praten verder over het optreden.
'Ik heb thuis de teksten en de muziek
van die oude liedjes,' zegt Lexie.
'Ik neem de spullen morgen mee naar school.'

Bij het afscheid blijft Pleun op straat staan
met haar fiets.
Lexie stopt ook.
'Sorry, dat ik gisteren van die gemene dingen zei,'
zegt Pleun.
Lexie kijkt naar haar stuur.
Ze zegt even niets.
Dan kijkt ze Pleun verlegen aan.
'Ik had niet zo boos moeten worden,' zegt ze.
'Het spijt me.'

HOOFDSTUK 15

Naar het ziekenhuis

Een week later vertellen Pleun en Lexie
hun plannen aan mevrouw Stapel.
'Wat leuk dat jullie willen optreden
op de verjaardag van mevrouw Van Dam!'
zegt mevrouw Stapel enthousiast.
'Mevrouw Van Dam houdt erg van muziek.
Liedjes van vroeger zal ze prachtig vinden.'
Mevrouw Stapel denk even na en zegt dan:
'Jullie kunnen in de grote zaal optreden.
Ik denk dat er veel oude mensen
op bezoek zullen komen.
Mevrouw Van Dam kent veel mensen hier in huis.'
'We willen mevrouw Van Dam verrassen,' zegt Pleun.
'U mag haar niets vertellen over het optreden.'
Mevrouw Stapel lacht.
'Ik zal niets zeggen,' knikt ze.
'Mogen we de grote zaal versieren op de verjaardag?'
vraagt Lexie.
'Ja, hoor,' antwoordt mevrouw Stapel.
'En ik zal dan thee voor iedereen regelen,
met iets lekkers erbij.'

Als de meiden na de stage terug naar huis fietsen,
zegt Lexie opeens:
'Morgen ben ik niet op school.'

'O...?' zegt Pleun verbaasd.

Lexie kijk voor zich uit.

'Ik moet naar het ziekenhuis,' mompelt ze.

'Wegen... met mijn moeder.'

'Naar het ziekenhuis?' vraagt Pleun.

'Waarom?'

'Pfff,' zegt Lexie.

'Mijn ouders zijn bezorgd over mijn gezondheid.

Ze hebben me naar de dokter gestuurd.

En nu moet ik elke week op de weegschaal

in het ziekenhuis.

Onzin, natuurlijk.

Maar het wegen moet van de dokter.'

Pleun weet niet wat ze moet zeggen.

Ze schrikt dat Lexie naar het ziekenhuis moet.

Ook al doet Lexie alsof er niets mis met haar is.

Maar ze durft niet meer met Lexie over eten te praten.

Ze heeft geen zin in weer een ruzie.

'Tjee...het ziekenhuis,' zegt Pleun.

'Rot!'

Lexie knikt.

'En koud!' zegt ze.

'Ik moet me uitkleden.

En met alleen een onderbroek aan op de weegschaal

staan.'

'Arme jij,' zegt Pleun.

'Stom gedoe,' moppert Lexie.

'Mijn moeder heeft een paar weken vrij genomen

van haar werk.

Helaas!

Ze is nu elke dag thuis.

En bemoeit zich steeds met mij.'

'Wat denkt je moeder dat er met je is?' vraagt Pleun.
'Pff, ach, mijn moeder denkt zoveel!' antwoordt Lexie.
'In het ziekenhuis is bloed bij mij geprikt.
Voor onderzoek.
Morgen krijgen we de uitslag van
het bloedonderzoek te horen.
Mijn moeder denkt dat ik misschien
een virus in mijn lichaam heb.
Omdat ik de laatste tijd vaak moe ben.
En het ook vaak koud heb.'
'Hopelijk is er niet iets ergs met je,' zegt Pleun.
'Vast niet!' zegt Lexie.

Even later vraagt Lexie met een ernstig gezicht:
'Zullen we in het weekend de liedjes
voor het optreden oefenen?
Ik vind het leuk dat we mogen optreden.
Maar ik vind het ook spannend.
Ik kan niet goed zingen.'
'We gaan samen gezellig vals zingen,' zegt Pleun vrolijk.
'Zondagmiddag?'
Lexie knikt.

HOOFDSTUK 16

Appeltaart

Als Pleun op zondagmiddag met haar gitaar
in de hand bij Lexie aanbelt,
doet Lexies moeder de deur open.
Lexies moeder is heel netjes gekleed.
'Kom binnen, Pleun,' zegt Lexies moeder vriendelijk.
'Leuk je te zien.'
'Hallo,' groet Pleun.
Ze snuift een paar keer in de gang.
Ze ruikt een heerlijk lucht.
'Wat ruikt het hier lekker!' zegt Pleun.
Lexies moeder lacht.
'Ik heb appeltaart gebakken,' zegt ze.
'Als jullie klaar zijn met oefenen,
mogen jullie een stukje taart komen eten.'
'Lekker!' zegt Pleun.

Ze loopt de trap op naar Lexies kamer.
'Hoi, hoi,' groet ze Lexie.
Lexie zit op een stoel bij haar bureau.
Ze heeft een dik vest aan.
Haar kamer is keurig opgeruimd.
Naast Lexies bureau staat een grote weegschaal.
Het is altijd netjes bij Lexie, denkt Pleun.
Het hele huis van Lexie is netjes.
Heel anders dan bij mij thuis, denkt Pleun.

'Je moeder heeft appeltaart gebakken,' zegt ze.
Lexie knikt.
Ze ziet er moe uit.
Ze kijkt boos.
'Het hele huis ruikt naar appeltaart!' zegt ze.
'Ik word gek van mijn moeder!
Mijn moeder wil dat ik meer eet.
Vroeger zei ze altijd dat ik brede heupen had.
En nu ben ik ineens te dun.
Daarom heeft ze appeltaart gebakken.
Vroeger hield ik erg van appeltaart.
Maar ik ga nu echt geen taart eten.
Ik beslis zelf wat ik eet!'
'O,' zegt Pleun teleurgesteld.
'Dus we gaan straks geen appeltaart eten?'
Lexie kijkt Pleun geïrriteerd aan.
'Luister je wel?'
'Ja, ja,' knikt Pleun.
'Jij wilt zelf beslissen wat je eet.'
'Juist,' zegt Lexie.
Dan zucht ze en zegt:
'Jij mag straks natuurlijk wel een stuk appeltaart.
Als je écht wil.
Maar appeltaart is slecht voor je.
Er zitten 280 kilocalorieën in een stuk appeltaart!'
Pleun trekt haar schouders op.
'Ach, een keer een stuk appeltaart vind ik niet erg.
Bovendien doe ik niet meer aan afvallen.
Bart wilde geen verkering meer.
Ook al was ik slanker.
Ik was gek dat ik voor hem wilde afvallen!'
Lexie kijkt verbaasd.

'Wil je dan weer dikker worden?' vraagt ze.
Pleun schudt haar hoofd.
'Nee, ik wil niet dikker worden.
Maar ik heb geen zin om nooit meer lekkere dingen
te eten.'
Ze kijkt Lexie nadenkend aan en zegt:
'Ik snap niet hoe jij het vol kan houden
om nooit meer iets lekkers te eten.'
'Ik denk aan hoeveel calorieën er in iets zit,' zegt Lexie.
'Dat helpt.
En het geeft me een sterk gevoel om slecht eten
te laten staan.'

'Hoe was het in het ziekenhuis?' vraagt Pleun even later.
Lexie kijkt naar haar bureau.
'Ging wel,' antwoordt ze.
'Uit het bloedonderzoek kwam niets bijzonders.
Ik heb geen virus.
Alleen de hoeveelheid kalium in mijn bloed
was iets te laag.
Ik weet niet precies wat dat betekent.'
'Krijg je een behandeling voor de kalium?' vraagt Pleun.
Lexie schudt haar hoofd.
'Waarschijnlijk niet.
Misschien pillen.
De dokter zegt dat te weinig kalium
niet goed is voor mijn hart.
Ik vind het allemaal maar overdreven.'
Lexie klopt op haar hart.
'Met mijn hart is niets mis,' zegt ze lachend.
'Ik leef heel gezond!
Geen vet eten en veel sporten is goed voor je hart!'

Dan wijst ze naar Pleuns gitaar.
'Zullen we de liedjes gaan oefenen?'
'Ja, leuk,' knikt Pleun.
De meiden beginnen met het oefenen van de liedjes.
Pleun speelt op de gitaar en zingt.
Lexie zingt met haar mee.

Na een uur klopt Lexies moeder op de deur.
'Komen jullie beneden appeltaart eten?' vraagt ze.
'Ik wíl geen appeltaart!' zegt Lexie boos.
Lexies moeder slikt.
'Meisje, toch,' mompelt ze.
Dan vraagt ze aan Pleun: 'En jij?'
Pleun kijkt Lexie onzeker aan.
'Ik, eh, zou wel,' begint ze.
'Zal ik een stukje appeltaart boven brengen?'
vraagt Lexies moeder vriendelijk.
'Graag!' antwoordt Pleun.

Als Pleun de appeltaart opeet, is Lexie stil.
Af en toe kijkt Lexie naar Pleuns stukje appeltaart.
Pleun ziet dat Lexie slikt.
Het lijkt alsof Lexie het moeilijk vindt
om geen appeltaart te eten.
Pleun wil tegen Lexie zeggen:
'Eet toch een stukje appeltaart!'
Maar ze zegt niets.
Ze heeft gezien hoe boos Lexie op haar moeder
reageerde.

Pleun en Lexie oefenen nog een tijdje.
Dan heeft Pleun geen zin meer.

'Het gaat goed!' zegt ze enthousiast.
'We kunnen al bijna optreden.'
'We moeten nog wel een paar keer oefenen,'
zegt Lexie ernstig.
'Tuurlijk,' knikt Pleun.
'Maar we hebben tijd.
Het optreden is pas over drie weken.'

Bij het afscheid aan de voordeur praten Pleun en Lexie
nog even over de komende week.
'Veel proefwerken volgende week,' zegt Lexie bezorgd.
'Ik hoop dat ik de proefwerken goed maak.'
Pleun knikt begrijpend.
'En vrijdag schoolfeest,' zegt ze.
'Ga jij naar het schoolfeest?'
Lexie zucht.
'Ik weet niet of ik ga,' zegt ze zacht.
'Ik moet hard leren voor de proefwerken.
Ik denk dat ik vrijdag moe ben.
En geen zin meer heb in het feest.'
'Jammer!' zegt Pleun.

HOOFDSTUK 17

Op het schoolfeest

Pleun en Lexie zijn op school.
Ze staan te praten op het schoolplein.
Het is vrijdag.
Ze hebben net hun laatste proefwerk gemaakt.
Lexie schudt haar hoofd.
Ze kijkt verdrietig.
'Ook Frans heb ik niet goed gemaakt,' zegt ze.
Pleun slaat een arm om Lexie heen.
'Balen!' zegt ze.
Lexie knikt en bijt op haar lip.
'Het leren lukte helemaal niet deze week,' zegt ze.
'Ik kon niet onthouden wat er in de boeken stond.
Ik kon niet goed nadenken.'

Annika komt naar Pleun en Lexie toe.
'Frans was makkelijk, hè,' zegt ze vrolijk.
Pleun knikt.
Lexie zegt niets.
Annika kijkt even naar Lexie en vraagt dan:
'Gaan jullie ook naar het schoolfeest vanavond?'
'Ik denk dat ik ga,' antwoordt Pleun.
Ze kijkt naar Lexie.
'Ik weet het nog niet,' zegt Lexie.
'Er komt een keigoede band vanavond!' zegt Annika.
'Het zou leuk zijn als jullie komen!'

Als Annika weg is, zegt Pleun:
'Ga mee vanavond!
Het feest is veel leuker met jou!'
Bart is er denk ik ook vanavond.
Er staan vast weer allemaal leuke meiden om hem heen.
'Bèèèèh!'
Dan vouwt Pleun haar handen in elkaar.
Ze kijkt Lexie heel erg zielig aan.
'Ga mee!' zegt ze smekend.
'Laten we samen lol maken!'
Lexie schudt lachend haar hoofd.
'Je bent gek!' zegt ze.
Pleun kijkt Lexie ondeugend aan.
'Hoe laat zal ik je ophalen?' vraagt ze.
Lexie zucht diep.
'Oké, oké,' zegt ze.
'Ik ga even mee naar het feest.'
'Yes!' roept Pleun.
'Ik doe mijn nieuwe spijkerrokje aan.
En jij?'
'Ik denk mijn zwarte broek,' antwoordt Lexie.
'Zwart staat slanker.'

Als Pleun en Lexie 's avonds op het feest komen,
is het al druk.
Het feest is in de aula.
Alle stoelen zijn opgeruimd.
En er staan tafels met lekkere dingen langs de kant.
De aula is versierd en mooi verlicht.
Pleun kijkt verbaasd rond.
Ze herkent de aula bijna niet.

Dan ziet Pleun Annika met een paar klasgenoten.
'Daar is Annika,' wijst Pleun.

Pleun en Lexie gaan bij het groepje klasgenoten staan.
Milan is ook in het groepje.
Hij praat met Isabelle.
Pleun ziet dat Bart ook op het feest is.
Hij staat voor het podium bij een groepje jongens.
Pleun probeert niet naar hem te kijken.
Ze kletst een tijdje met Annika.
Lexie staat erbij en zegt niet veel.
Pleun ziet dat Lexie soms naar de tafels met eten kijkt.
Er is angst op Lexies gezicht te zien.

Dan komt de band op het podium.
Iedereen begint te schreeuwen en te klappen.
De band speelt goed.
Er beginnen leerlingen te dansen
in het midden van de zaal.
'Zullen we ook dansen?' vraagt Pleun aan Lexie
en Annika.
Lexie knikt en ze lopen naar het midden van de zaal.
Al gauw danst Pleun vrolijk op de maat van de muziek.
Ook Lexie is aan het dansen.
Af en toe kijkt Pleun naar Bart.
Het lijkt wel alsof Bart ook naar haar kijkt.
Natuurlijk niet! denkt Pleun.
En ze draait haar rug naar Bart toe.

Even later roept er een stem achter Pleun: 'Hallo!'
Pleun draait zich om.
Haar hart begint heel snel te kloppen.

Daar staat Bart!
Hij kijkt haar verlegen aan.
'Samen dansen?' schreeuwt hij
door de harde muziek heen.
Pleun knikt en Bart begint voor haar te dansen.
Ze lachen naar elkaar.
Pleun voelt kriebels in haar buik.
'Ik ga water drinken,' roept Lexie.
Pleun merkt niet dat Lexie van de dansvloer afloopt.
Het is fantastisch om met Bart te dansen.

Na een tijdje is Pleun moe.
Ze blijft staan op de dansvloer.
Ze veegt wat zweet van haar voorhoofd.
'Zullen we wat drinken?' roept Bart.
'Ja,' knikt Pleun.
Ze lopen van de dansvloer af.
Pleun kijkt even waar Lexie is.
Ze ziet Lexie niet.
Dan ziet Pleun opeens Milan en Isabelle.
Isabelle heeft haar armen om Milans hals geslagen.
Ze kust Milan.
En Milan kust haar ook.
Pleun blijft geschrokken staan.
Shit! denkt ze.
Arme Lexie.
Zou ze Milan en Isabelle ook hebben gezien?
Pleun kijkt nog een keer de aula rond.
Geen Lexie.
Bart kijkt haar een beetje verbaasd aan.
'Zal ik drinken halen?' vraagt hij.
'Nee, eh,' zegt Pleun snel.

'Nu niet.
Ik moet Lexie zoeken.
Ik wil weten of het goed gaat met haar!'
'Hoezo?' vraagt Bart.
Pleun schudt haar hoofd.
'Sorry,' zegt ze.
'Geen tijd nu.
Ik kom straks terug.'
En ze loopt weg.

Pleun loopt zoekend een rondje door de aula.
Dan gaat ze naar haar klasgenoten toe.
'Heb je Lexie gezien?' vraagt ze aan Annika.
Annika knikt.
'Een paar minuten geleden zag ik Lexie de aula uitgaan.
Ze keek niet vrolijk.'
'Dank je,' zegt Pleun.
En ze haast zich de aula uit.
Op de gang is Lexie niet.
Pleun loopt naar de fietsenstalling.
Ze ziet dat Lexies fiets nog in de stalling staat.
Misschien is Lexie op de wc, denkt Pleun ineens.

In de ruimte met wc's is het druk.
Meiden maken zich op voor de spiegels.
Er wordt gekletst en gelachen.
Pleun wacht een tijdje.
Ze merkt dat een wc-deur steeds gesloten blijft.
Als het even rustig is, gaat Pleun naar
de gesloten wc-deur.
'Lexie,' roept ze zacht.
'Ben je daar?'

Het blijft stil achter de deur.
Pleun klopt op de deur.
'Lexie!' roept ze nog een keer.
Dan gaat de wc-deur van het slot.
De deur gaat langzaam open.
Lexie komt de wc uit.
Haar blonde haren hangen slordig voor haar gezicht.
Pleun hoort dat Lexie zachtjes huilt.
Ze slaat een arm om Lexie heen.
'Zullen we even naar buiten gaan?' vraagt Pleun.
Lexie knikt.

HOOFDSTUK 18

Rare gedachten

De meiden lopen naar een rustig plekje
op het schoolplein.
Ze gaan op een bankje zitten.
Vlakbij een lantaarnpaal.
Het is een warme avond.
'Heb je Isabelle en Milan gezien?' vraagt Pleun.
Lexie knikt.
Ze heeft haar armen om zich heen geslagen.
Ze heeft haar winterjas aan.
Ze huilt niet meer.
Ze kijkt voor zich uit.
En bibbert een beetje.
Haar haar hangt nog steeds voor haar gezicht.
'I-i-ik baalde van Isabelle en Milan,' zegt ze.
'En omdat ik baalde heb ik iets te eten
van de tafels gepakt.
Ik was zwak.
Ik had zo'n honger.
En nu heb ik spijt.'
Lexie slikt.
'Waar heb je spijt van?' vraagt Pleun.
'Van het eten,' zegt Lexie.
Ze draait haar hoofd naar Pleun.
Ze kijkt Pleun verdrietig aan.
Pleun ziet dat Lexies gezicht erg wit is.

En dat haar ogen rood zijn.
Uit Lexies mond komt een vieze geur.
De geur van braaksel.
Zou Lexie hebben overgegeven?
Is ze ziek?
'Ik ben zo moe,' zegt Lexie zacht.
'Van mezelf.
Ik denk de hele dag aan eten.
En afvallen.
Slanke mensen hebben succes in het leven.
Ik wil succes in het leven!
Maar het afvallen lukt me niet.'
Er is angst in Lexies ogen gekomen.
Veel angst.
'Ik heb te veel gegeten vandaag!' zegt ze.
'Het komt niet meer goed met mij!'
Pleun begrijpt Lexie niet.
'Hoe bedoel je?' vraagt ze.
'Waarom komt het niet meer goed met jou?
Omdat je een keer te veel gegeten hebt?
Of heb je last van je maag?'
'Ik ben dik en lelijk!' zegt Lexie fel.
'Ik heb een walgelijk lichaam!
Door mijn dikke lichaam komt het niet meer goed
met mij!'
Pleuns mond valt open.
Lexie denkt zo raar over zichzelf!
Pleun weet niet wat ze moet zeggen.
Ze denkt aan het gesprek met haar moeder.
Zou Lexie anorexia hebben?
En daarom zo raar denken?

Lexie staat op van de bank.
Ze valt bijna om.
Gauw pakt ze met een hand de bank vast.
Pleun kijk haar bezorgd aan.
'Een beetje duizelig,' zegt Lexie.
'Ik ben soms even duizelig.
De duizeligheid duurt nooit lang.'
Even later laat ze de bank los en zegt opeens:
'Ik ga naar huis.
Ik ben moe.'
Ze loopt weg.
'Wacht!' roept Pleun.
'Ik fiets met je mee!'
Lexie draait zich om.
'Ik kan wel alleen naar huis gaan,' zegt ze.
Een paar tellen denkt Pleun na.
Dan rent ze achter Lexie aan.
Ze heeft het gevoel dat het belangrijk is
dat ze bij Lexie blijft.
Ze tikt Lexie op haar schouder.
'Ik fiets met jou mee naar huis,' zegt ze.
'Oké,' zegt Lexie zacht.

Op de fiets naar huis zegt Lexie zegt bijna niets meer.
Pleun fietst met Lexie mee tot aan Lexies huis.
Als Lexie de stoep bij haar huis op gaat, blijft Pleun op
straat staan.
Lexie kijkt haar even aan.
'Dag,' zegt Lexie.
En ze loopt met de fiets aan de hand over een paadje.
Het paadje gaat naar de achterzijde van Lexies huis.
Pleun wacht tot ze Lexie niet meer ziet.

Dan kijkt Pleun naar Lexies huis.
Er brandt nog licht in de woonkamer.
Pleun neemt een besluit.
Ze zet haar fiets op de stoep.
En belt bij Lexies huis aan.

Lexies moeder doet de deur open.
'Pleun!' zegt ze verbaasd.
'Lexie komt zo door de achterdeur,' zegt Pleun.
'Ik, eh, wil even iets zeggen.'
Pleun voelt haar hart bonken.
Ze vindt het spannend om nu met Lexies moeder
te praten.
Ze haalt diep adem en zegt dan:
'Het ging niet goed met Lexie op het feest!
Ze was heel verdrietig.
En in de war.
Ze zei dat ze te veel gegeten heeft.
En dat het daarom niet meer goed komt met haar.
Volgens mij heeft ze ook overgegeven.'
Lexies moeder kijkt geschrokken en verdrietig.
'Ach... wat akelig' zegt ze.
Pleun knikt.
'Ik weet niet hoe ik Lexie moet helpen,' zegt ze.
'Ik zal met Lexie proberen te praten,'
zegt Lexies moeder.
'Lexie vertelt mij heel weinig over wat ze voelt en denkt.
Goed dat ik nu weet hoe het met Lexie
op het feest ging.'
Dan kijkt Lexies moeder achter zich het huis in.
'Ik hoor geluiden bij de achterdeur,' zegt ze snel.
'Daar is Lexie.

Ik denk dat ik beter alleen met Lexie kan praten.'
'Oké,' zegt Pleun.
'Bedankt!' zegt Lexies moeder.
En ze doet de deur dicht.

Pleun stapt weer op haar fiets.
Ze kijkt op haar horloge.
Het schoolfeest is bijna afgelopen.
Zal ze nog teruggaan naar school?
Naar Bart?
Opeens voelt Pleun zich verdrietig.
Bart heeft vast niet op haar gewacht.
Hij is nu misschien met een ander meisje
aan het dansen.
Ik ga naar huis, denkt Pleun.
Bart wil toch geen verkering met mij.

Als ze thuis is, stuurt Pleun een sms'je naar Bart:

Sorry, dat ik wegliep.
Het ging niet goed met Lexie.
Ik ben met haar mee naar huis gegaan.
Groetjes, Pleun

Er komt geen reactie van Bart.

HOOFDSTUK 19

Uitgeput!

Op zaterdagmiddag sms't Pleun naar Lexie:

Hoi Lex,
Hoe gaat het?

Pleun krijgt een sms'je terug van Lexie:

Het gaat wel.
Veel gezeur van mijn ouders.
Ik vertel je maandag over het gezeur.
x Lexie

Als Pleun en Lexie op maandag in de kleine pauze op
het schoolplein staan, vraagt Pleun: 'En, waar zeurden
je ouders over in het weekend?'
'Weer over eten,' zucht Lexie.
'Mijn ouders hebben voor morgen een afspraak
voor mij gemaakt in het ziekenhuis.
Met een andere dokter dan de laatste keer.
Iemand om mee te praten.
Een therapeut.
Ik wil niet gaan!
Ik heb geen zin om te praten!'
'Misschien is praten niet slecht,' zegt Pleun.
'Je was heel verdrietig op het schoolfeest.'

Lexie kijkt Pleun boos aan.
'Iedereen is wel eens verdrietig,' zegt ze.
'Toen jij verdrietig was over Bart,
stuurden je ouders je toch ook niet naar een therapeut!'
Pleun haalt haar schouders op.
'Nee, dat is waar,' mompelt ze.
Lexie pakt haar waterfles uit haar tas.
De waterfles is leeg.
'Ik ga even mijn waterfles vullen op de wc,' zegt ze.
En ze loopt weg.

De volgende dag is Lexie niet op school.
En de dag daarna ook niet.
Als Pleun aan het eind van de middag thuiskomt,
zegt Pleuns moeder:
'Ik moet je iets vertellen.'
En ze neemt Pleun mee naar de bank in de woonkamer.
Ze gaan zitten.
'Lexies moeder heeft gebeld,' zegt Pleuns moeder.
'Ik heb een tijdje met Lexies moeder gepraat.
Het gaat niet goed met Lexie.
Ze heeft inderdaad anorexia.
Doordat Lexie al een tijd veel te weinig eet,
is haar lichaam erg zwak geworden.
Haar lichaam is uitgeput.
Ze is vaak duizelig en koud.
En heel moe.
Door de moeheid kan ze ook niet meer goed leren.
Lexie komt de hele week niet naar school.
Haar hartslag en bloeddruk zijn ook niet in orde.
Ze moet heel rustig aan doen.
En meer eten.

Gelukkig krijgt ze hulp in het ziekenhuis.'
Pleun is even stil en zegt dan:
'Tjee... Lexie heeft dus écht anorexia.'
Pleuns moeder knikt.
'Pffff,' blaast Pleun.
'Wat een gedoe!'
Dan kijkt Pleun voor zich uit.
Ze schudt haar hoofd.
'Ik snap het niet,' zegt ze.
'Hoe kan Lexie nou zo dom zijn om
veel te weinig te eten!
En haar lichaam zo moe te maken!
Ze zei steeds dat ze gezond bezig was.
Gek, hoor!'
'Lexie is niet dom,' zegt Pleuns moeder.
'Ze is ziek.
Door haar ziekte is ze verslaafd aan afvallen.
En denkt ze nog steeds dat ze te dik is.'
Pleun zucht en vraagt dan:
'Hoe helpen ze Lexie in het ziekenhuis?'
'Lexie krijgt gesprekken met een hulpverlener,'
zegt Pleuns moeder.
Ze krijgt therapie.
En ze krijgt gesprekken in een groep.
In die groep zitten allemaal meisjes met anorexia.'
'Ik hoop dat ze Lexie beter kunnen maken
in het ziekenhuis,' zegt Pleun.
Ze slikt.
Er zijn tranen in haar ogen gekomen.
Ze voelt zich verdrietig en boos.
Ze heeft het gevoel Lexie kwijt te zijn.
Door een stomme ziekte!

Pleuns moeder slaat een arm om Pleun heen.
'Rot, hè,' zegt ze.
'Laten we hopen dat Lexie gauw beter wordt.'

HOOFDSTUK 20

Op bezoek?

'Kun jij zingen?' vraagt Pleun een paar dagen later
aan Annika.
De meiden lopen in de gang op school.
Het is grote pauze.
Annika lacht.
'Helemaal niet!' antwoordt ze.
'Als ik zing, kijken mensen altijd heel vies.'
'O... jammer,' zegt Pleun.
Annika kijkt haar nieuwsgierig aan.
'Waarom?' vraagt ze.
'Ik heb volgende week een optreden,' antwoordt Pleun.
'Lexie en ik zouden liedjes zingen in het
verzorgingshuis.
Ik weet niet of Lexie volgende week kan zingen.
Alleen optreden vind ik niet leuk.
Hopelijk kan Lexie meezingen.'
'Rot dat Lexie zo moe is,' zegt Annika.
Pleun knikt.
Ze heeft aan niemand verteld dat Lexie anorexia heeft.
Ze weet niet of Lexie wil dat haar klasgenoten weten
van haar ziekte.
Daarom heeft Pleun alleen gezegd dat Lexie erg moe is.

Pleun en Annika zijn op het schoolplein gekomen.
Pleun praat gezellig een tijdje met haar klasgenoten.

Dan opeens voelt ze een tikje tegen haar arm.
Ze draait zich om.
En haar hart begint razendsnel te kloppen.
Bart kijkt haar lachend aan.
'Hoi,' zegt Bart.
'Alles goed?'
'Ja, hoor,' antwoordt Pleun.
En ze probeert gewoon adem te halen.
'Hoe gaat het met Lexie?' vraagt Bart.
'Lexie is erg moe,' antwoordt Pleun.
'Ze komt deze week niet op school.'
Annika heeft het gesprek tussen Bart en Pleun gehoord.
'Heel zielig!' roept Annika.
'Pleun moet volgende week misschien alleen optreden!'
'O...?' zegt Bart nieuwsgierig.
Pleun vertelt hem over het plan om
mevrouw Van Dam te verrassen.
'Liedjes zingen in een verzorgingshuis lijkt me grappig,'
zegt Bart.
'Een keer iets anders dan mijn band.
Als Lexie nog ziek is volgende week,
wil ik wel met jou optreden.'
Pleuns mond valt open.
Wauw!
Bart wil met haar optreden!
Super!
Opeens hoopt ze dat Lexie volgende week
nog niet kan zingen.
En dat vindt ze niet goed van zichzelf.
Bart blijft nog een tijdje met Pleun staan praten.
Dan gaat de bel.
De grote pauze is voorbij.

Bij het afscheid zegt Bart:
'Sms me maar als ik volgende week moet optreden.'

Vrolijk zingend komt Pleun 's middags thuis.
'Wat klink jij blij,' zegt Pleuns moeder lachend.
'Heb je iets leuks meegemaakt?'
'O, gewoon,' antwoordt Pleun.
'Het was gezellig op school.'
Ze loopt naar de keuken en pakt frisdrank
uit de koelkast.
Pleuns moeder komt ook in de keuken.
Ze gaat aan de keukentafel zitten.
Pleun schenkt fris in een glas en gaat ook zitten.
'Heb je nog iets van Lexie gehoord?'
vraagt Pleuns moeder.
Pleun schudt haar hoofd.
'Lexie wil misschien rust,' zegt ze.
'Misschien...' zegt Pleuns moeder.
Ze kijkt Pleun onderzoekend aan en vraagt:
'Heeft Lexie al iets van jou gehoord?'
'Eh... nee,' antwoordt Pleun.
Ze trekt haar schouders op.
'Ik weet niet wat ik tegen Lexie moet zeggen.
Ze doet vaak alsof er niets mis met haar is.
Als ik iets over haar lichaam zeg, wordt ze boos op mij!'
'Wees maar gewoon jezelf bij Lexie,'
zegt Pleuns moeder.
'Denk er maar aan dat Lexie anorexia heeft.
En dat ze door haar ziekte soms vreemd doet.
Mensen met anorexia willen vaak
heel lang niet weten dat ze ziek zijn.
Ik denk dat Lexie het fijn zal vinden om je te zien.

Ze is nu hele dagen thuis.
Ze mist je vast.'
Pleun denkt even na en zegt dan:
'Oké, ik zal Lexie vragen of ze zin heeft in bezoek.'

Op haar kamer stuurt Pleun een sms'je naar Lexie.
Al gauw krijgt ze een sms'je van Lexie terug:

Gezellig, dat je langs wilt komen!
Morgen?
Als je je gitaar meeneemt, kunnen we
de liedjes voor donderdag oefenen.

Shit, denk Pleun.
Lexie wil wel optreden in het bejaardenhuis.
Wat nu?
Misschien kan ik Lexie vertellen over Bart.
Of is dat gemeen van mij?
Pleun sms't Lexie terug dat ze morgenmiddag
langs komt.

HOOFDSTUK 21

Geen anorexia

De volgende dag belt Pleun bij Lexies huis aan.
Lexies moeder doet meteen de voordeur open.
'Ik zag je aankomen,' zegt Lexies moeder.
'Kom binnen.
Lexie is op haar kamer.
Ze vindt het heel leuk dat je komt.'

Pleun loopt naar Lexies kamer.
Ze draagt haar gitaar op haar rug.
Ze ziet dat deur van Lexies kamer
een klein beetje openstaat.
Ze klopt op de deur en duwt meteen
daarna de deur open.
Dan kijkt ze verbaasd naar Lexie.
Lexie zit op de grond.
Ze is buikspieroefeningen aan het doen.
Er zitten een paar zweetdruppels op haar gezicht.
Haar wangen zijn rood.
Als Lexie Pleun ziet, stopt ze meteen met oefenen.
Ze komt gauw overeind.
'Hoi, ik, eh...' zegt Lexie.
'Ik had de bel niet gehoord.
Ik had het koud.
Ik dacht, even een beetje bewegen.'
Een béétje bewegen? denkt Pleun verbaasd.

Ze ziet het zweet op Lexies gezicht.
Lexie ziet eruit alsof ze al een tijdje
flink oefeningen aan het doen is.
Lexie liegt!
'Niet aan mijn moeder vertellen
dat ik een beetje oefende,' zegt Lexie.
'Mijn moeder doet steeds vreééééselijk bezorgd.
Ik mag niet veel bewegen van haar.'
'O...oké,' zegt Pleun.
'Ik zeg niets tegen je moeder.'
Pleun zet haar gitaar op de grond.
'Leuk, straks liedjes zingen,' zegt Lexie.
Pleun zegt niets.
Ze weet nog steeds niet of ze Lexie zal vertellen
over Bart.

Pleun en Lexie gaan op Lexies bed zitten.
'Hoe gaat het met je?' vraagt Pleun.
'Ik verveel me,' antwoordt Lexie verdrietig.
'Ik wil naar school!
Maar ik mag niet van mijn ouders
en ook niet van de dokter.
Ik moet eerst meer eten.
Ze zeggen dat mijn lichaam te zwak is.
En te mager.
Raar, hoor!
Het is waar dat ik soms moe ben.
Maar te mager ben ik niet!'
Ze kijkt Pleun aan met een boze blik en zegt ook nog:
'Mijn moeder wil dat ik elke dag een banaan eet.
Nou, bananen eet ik echt niet!
In een banaan zitten 90 kilocalorieën!

Ik probeer nu een halve appel per dag te eten.
En een boterham extra.
Ik wil wel sterker worden.
Maar niet dikker!'
'Jouw moeder heeft mijn moeder gebeld,' zegt Pleun.
'Jouw moeder zegt dat jij anorexia hebt.'
Lexie schudt haar hoofd.
'Ach, nee,' zegt ze.
'Ik heb geen anorexia.
Mijn ouders zijn veel te bezorgd.
Ik baal dat ik geen broers of zussen heb.
Mijn ouders hebben veel te veel tijd voor mij.
Als ik een beetje moe ben, denken ze meteen
dat ik erg ziek ben.'

Lexie zucht en kijkt even voor zich uit.
Dan vraagt ze: 'Hoe is het op school?'
'Leuk,' antwoordt Pleun.
Ze vertelt een paar grappige dingen van school.
Ze vertelt ook dat Bart een praatje met haar kwam
maken op het schoolplein.
Pleun slikt.
Nu heeft ze de kans om Lexie te vertellen over Bart.
'Bart, eh, wil, eh...' begint Pleun.
Ze maakt haar zin niet af.
Ze weet ineens dat ze Lexie niet gaat vertellen
over optreden met Bart.
Ze wil Lexie geen pijn doen.
Als Lexie wil zingen donderdag, dan zing ik met Lexie,
denkt Pleun.
Ze begint een nieuwe zin en zegt:
'Ik denk dat Bart geen verkering meer wil met mij.'

'Jammer,' zegt Lexie.
Ze kijkt Pleun niet aan.
Ze kijkt naar de weegschaal naast haar bureau en vraagt:
'Zullen we nu de liedjes gaan oefenen?'
Pleun knikt.
Ze is een beetje verbaasd dat Lexie
geen vragen meer stelt over Bart.
Het lijkt wel alsof Lexie geen interesse meer heeft
voor haar en Bart.

Pleun en Lexie gaan de liedjes oefenen.
Pleun merkt dat Lexie de liedjes niet goed zingt.
Ze maakt veel fouten bij de teksten.
Lexie ziet er moe uit.
Haar rode wangen zijn verdwenen.
Na een half uurtje zingen, zegt Pleun:
'Ik ga weer naar huis.'

Lexie loopt met Pleun mee naar buiten.
'Hopelijk mag ik volgende week weer naar school,'
zegt Lexie.
'Ik moet drie keer in de week 's middags
naar het ziekenhuis.
's Ochtends kan ik altijd gewoon naar school.
En op dinsdag en donderdag hoef ik helemaal niet
naar het ziekenhuis.'
'Wat voor hulp krijg je in het ziekenhuis?' vraagt Pleun.
'Puh, hulp,' antwoordt Lexie.
'Ik moest praten.
In een groep.
En alleen met een vrouw, een therapeute.
Het was heel raar de vorige keer.

Ik moest van de therapeute een heel grote
tekening maken van mijn lichaam.
Daarna moest ik op de grond gaan liggen
op een groot vel papier.
De therapeute ging met een stift langs mijn lichaam.
Ze tekende mijn lichaam na.'
'En toen?' vraagt Pleun.
'Toen hebben we de tekeningen naast elkaar gelegd,'
antwoordt Lexie.
En naar de verschillen gekeken.'
'Wat waren de verschillen?' vraagt Pleun nieuwsgierig.
Lexie trekt haar schouders op en zegt:
'Op mijn tekening was ik veel dikker
dan op de tekening van de therapeut.'
Pleun lacht.
'In het echt ben je dus dunner dan je denkt!' zegt ze.
'Hm,' bromt Lexie.
'Wat heb ik nou aan de tekeningen!
Ik voel me nog steeds dik!'
'Tja...,' zegt Pleun.
De meiden nemen afscheid.

HOOFDSTUK 22

Ik heb je gemist

Op maandag krijgt Pleun een sms'je van Lexie.
Lexie schrijft dat ze de hele week
nog niet naar school mag.
En ook niet mag optreden in het verzorgingshuis.
Ze baalt erg.
Pleun stuurt een sms'je naar Lexie;

Rot voor je!
Sterkte en een dikke knuffel,
Pleun

Dan sms't Pleun naar Bart of hij donderdag wil zingen.
Ze krijgt een sms'je terug van Bart:

Met jou wil ik wel liedjes zingen in het verzorgingshuis!
Morgenmiddag bij jou oefenen?

Jippie, denkt Pleun.
En ze sms't naar Bart dat morgenmiddag goed is.
's Avonds sms't ze naar Lexie dat
Bart wil meedoen met het optreden.
Er komt geen reactie van Lexie.

De volgende dag is Pleun 's middags
een beetje zenuwachtig.

Bart komt zo bij haar thuis oefenen.
Ze vindt het super om met Bart muziek te maken.
Maar ook spannend.
Ze vindt Bart nog steeds erg leuk.
En ze weet niet wat Bart van haar vindt.
Ze denkt aan al die mooie meiden die Bart kent.
Ze voelt zich onzeker.
Ik ben niet bijzonder, denkt ze.
Bart wil vast geen verkering meer met mij.
Hij wil gewoon gezellig muziek maken.
Dan denkt Pleun aan Lexie.
Aan haar ziekte.
En aan de rare gedachten van Lexie.
Lexie denkt dat afvallen haar gelukkig zal maken,
denkt Pleun.
Als ze slank is, komt alles goed in haar leven.
Nou, dat is niet zo!
Ik ben afgevallen.
Maar Bart wilde toch geen verkering meer met mij.
Ik ga nooit meer afvallen voor een jongen!
Ik ga geen gekke dingen doen
om leuk gevonden te worden!
Een vriendje moet me leuk vinden zoals ik ben!
Opeens voelt Pleun zich rustiger.

Even later zitten Pleun en Bart op Pleuns kamer.
Ze zitten samen op Pleuns bed.
Ze oefenen de liedjes.
Het zingen gaat goed.
En ze moeten ook lachen.
Bart heeft een hoed van zijn opa meegenomen.
Hij wil de hoed opdoen bij het zingen.
En er ook mee zwaaien.

Na het oefenen kletsen ze over school
en over het schoolfeest.
Dan opeens wordt het stil.
Bart schuift dichter naar Pleun toen.
Ze kijken elkaar aan.
Pleun voelt kriebels in haar buik.
Haar ademhaling gaat snel.
Bart steekt zijn hand uit.
Hij streelt Pleuns gezicht.
Hun gezichten komen dichter bij elkaar.
En dan zoenen ze.

Een tijdje later schraapt Bart zijn keel.
'Ik, eh, heb je gemist,' zegt hij.
Pleun draait haar hoofd naar Bart.
Ze kijkt Bart aan.
Zijn gezicht staat onzeker.
'Zullen we het samen weer proberen?' vraagt hij.
'Ik heb gezegd dat ik vrij wil zijn.
Ik heb me vergist.
Ik vond het niet leuk zonder jou...'
Pleun wil het liefst meteen roepen:
'Ja, ik wil weer verkering met jou!'
Maar ze denkt aan Bart en andere meiden en ze zegt:
'Je moet me leuk vinden zoals ik ben.
Ik ga mezelf niet veranderen voor jou.'
Bart kijkt haar verbaasd aan.
'Natuurlijk vind ik je leuk zoals je bent!' zegt hij.
'Ik vind je superleuk!'
'Mooi zo,' antwoordt Pleun.
En ze geeft hem een zoen op de mond.

HOOFDSTUK 23

Het optreden

Pleun en Bart zijn in het verzorgingshuis
in de grote zaal.
De zaal is versierd met slingers.
Er zitten allemaal oude mensen op stoelen
en in rolstoelen.
Pleun en Bart zitten op stoelen voor de groep.
Ze wachten op mevrouw Van Dam.
Pleun heeft haar gitaar bij zich.
Ze draagt een vrolijke, lange rok.
En Bart heeft de hoed van zijn opa op.
Opeens ziet Pleun Lexie en haar moeder
de grote zaal binnenkomen.
Enthousiast loopt Pleun naar hen toe.
'Leuk, dat jullie er zijn!' zegt ze.
'We komen kijken,' zegt Lexies moeder.
Lexie knikt en zegt:
'Ik wilde het optreden zo graag zien.
Fijn dat Bart kon invallen.'

Dan komt mevrouw Stapel de zaal in
met mevrouw Van Dam in een rolstoel.
Pleun loopt gauw weer terug naar Bart.
'Verrassing!' roepen Pleun en Bart.
'Van harte gefeliciteerd met uw 90ste verjaardag!
Mevrouw Van Dam kijkt vol verbazing rond.
'W-wat leuk!' stamelt ze.

108

Pleun en Bart beginnen muziek te maken.
Mevrouw Van Dam zit in de rolstoel
vlakbij Pleun en Bart.
Ze zingt vrolijk mee met de liedjes.
Het optreden wordt een succes.
Pleun en Bart zingen een paar liedjes zelfs twee keer.
Als ze klaar zijn, krijgen ze een groot applaus.

Na het optreden praten Pleun en Bart
nog even met mevrouw Van Dam.
'Heel erg bedankt voor het optreden,'
zegt mevrouw Van Dam.
'Ik vond het geweldig!'
Ze pakt Pleuns handen.
Mevrouw Van Dam heeft tranen in haar ogen.
'Je bent een schat!' zegt ze.
Dan kijkt mevrouw Van Dam naar Bart.
'Ben jij Pleuns vriendje?' vraagt ze nieuwsgierig.
Bart lacht en knikt.
Mevrouw Van Dam bekijkt hem aandachtig.
Opeens knipoogt ze naar Pleun.
'Je vriendje ziet er goed uit!' zegt ze.
Pleun giechelt.
Ze ziet dat Bart een beetje verlegen kijkt.

Lexie en haar moeder komen
mevrouw Van Dam ook feliciteren.
'Jammer dat je ziek bent,' zegt mevrouw Van Dam.
Lexie knikt.
Pleun ziet dat ze slikt.
En gauw haar hoofd wegdraait.
Lexie loopt een stukje bij mevrouw Van Dam vandaan.

Pleun gaat naar Lexie toe.
'Hoe gaat het?' vraagt Pleun.
Lexie kijkt Pleun verdrietig aan.
'Het gaat niet zo goed,' antwoordt ze.
'Ik vind het vreselijk om thuis te zitten.
Ik wil heel graag weer gewoon leven!'
Er loopt een traan over Lexies wangen.
'Ik wil kunnen optreden!' zegt ze.
'Ik wil weer kunnen genieten van leuke dingen!
Weer kunnen lachen met jou!
Weer energie voelen!
Mijn leven is vreselijk geworden.
Ik heb nergens meer plezier in.'
'Wat rot,' zegt Pleun.
En ze slaat een arm om Lexie heen.
Lexies moeder loopt naar hen toe.
'Kom, Lex, we gaan naar huis,' zegt ze zacht.
'Je hebt genoeg gedaan voor vandaag.
Pleun komt binnenkort vast weer bij jou op bezoek.'
Ze kijkt Pleun vragend aan.
'Toch?'
'Ja, hoor,' antwoordt Pleun.
En ze kijkt Lexie en haar moeder na.

HOOFDSTUK 24

Nooit meer eten

Twee weken later mag Lexie weer halve dagen
naar school.
Lexie vertelt niet aan de klas dat ze anorexia heeft.
Ze zegt alleen dat ze moe is.
Ze is stil op school.
En praat weinig met haar klasgenoten.
Wel praat ze af en toe met Pleun.

Op een keer vertelt Lexie aan Pleun
over de meiden in haar therapiegroep.
'Sommige meiden zijn heel dun,' zegt ze.
'En al heel lang bezig met afvallen.
We praten veel over onze lichamen.
En over eten.
Ik ben bij iemand geweest die veel van eten weet.
Een diëtiste.
Zij heeft me een lijst gegeven met dingen
die ik elke dag móét eten.
Ik heb een vast menu gekregen.
Om de twee dagen moet ik op de weegschaal
bij de diëtiste.
Als ik afval, mag ik niet meer naar school.'
Lexie zucht en zegt dan:
'Ik vind het heel moeilijk om te eten.
Elke keer weer.

Ik vind het vreselijk om dikker te worden!
Elke maaltijd is een gevecht voor me.
En geeft me veel stress.'
'Goh,' zegt Pleun.
'Ik heb wel eens gezien dat je moeite had met eten.
Maar ik wist niet dat eten jou zoveel spanning geeft.'
Lexie knikt.
'Alles met eten vind ik moeilijk,' zegt ze.
'Ik vind het ook moeilijk om eten te ruiken en te zien.
Daarom ging ik niet meer naar het winkelcentrum.'
'O...,' zegt Pleun nadenkend.
'Nu begrijp ik pas waarom je nooit
meer naar de bankjes wilde.'
'De meiden in de therapiegroep
hebben ook veel moeite met eten,' zegt Lexie.
'We begrijpen elkaar.
En herkennen dingen bij elkaar.
Ik krijg steun van de meiden.
Het doet me goed om steun te krijgen.
Ik voel me nu minder alleen.'
Pleun slikt.
'Fijn,' zegt ze.
Ze is blij dat de therapie Lexie helpt.
Maar ze vindt het niet leuk om te horen
dat Lexie zich alleen heeft gevoeld.
Ze heeft toch echt geprobeerd Lexie te steunen!

Een paar weken later komt Lexie op donderdag
niet naar school.
En ook op vrijdag niet.
Pleun belt Lexie in het weekend op.
En vraagt hoe het met haar is.

'Ik, eh, ik voel me rot,' zegt Lexie.
'Er is iets ergs gebeurd...'
'Zal ik even langskomen?' vraagt Pleun.
'Oké,' antwoordt Lexie.

Twintig minuten later zit Pleun bij Lexie op de kamer.
Lexie ziet er moe en verdrietig uit.
'Wat is er gebeurd?' vraagt Pleun.
'Anna is afgelopen maandag doodgegaan,'
zegt Lexie schor.
'Anna van de therapiegroep.
Ze had al jaren anorexia.
Haar lichaam was heel zwak.
Ze was erg mager.
Ze zou misschien in het ziekenhuis
opgenomen worden.
Vorig weekend kreeg ze een griepje.
Door haar zwakke lichaam werd ze doodziek
van die griep.
Op maandag is haar hart gestopt met kloppen.'
Pleun slaat een hand voor haar mond.
'O, wat erg!' zegt ze.
Lexie knikt.
'Ik kan niet geloven dat Anna dood is,' zegt ze verdrietig.
En ze slaat haar armen om haar lichaam heen.
'Anna hoeft nu nooit meer te eten.
Nooit meer te vechten tegen de anorexia.'
Even is ze stil.
Dan kijkt ze Pleun met een wanhopige blik aan en zegt:
'Ik wil niet doodgaan!
De afgelopen maanden dacht ik wel eens aan doodgaan.
Ik dacht dat de dood me rust zou geven.

Ik zou dan niet meer hoeven vechten
tegen mijn verlangen om te eten.
Ik zou me dan niet meer dik en stom voelen.
En niet meer eenzaam zijn.'
Ze schudt haar hoofd.
'Maar ik wil niet dood,' zegt ze.
'Ik ben bang om dood te gaan!
Ik wil leven!
Ik wil weer een gewoon leven leiden!
En plezier hebben!'
Ze haalt diep adem en zegt:
'Ik heb besloten te vechten.
Tegen de anorexia.
Ik wil geen zwak en moe lichaam meer!
Ik ga heel erg mijn best doen om meer te eten.
En het niet erg te vinden om dikker te worden.'
'Wat goed!' zegt Pleun.
'Ik hoop dat het me lukt om beter te worden,' zegt Lexie.
'Ik weet van meiden uit de therapiegroep
dat het heel moeilijk is.
En dat de kans dat de anorexia terugkomt groot is.
Maar ik wil heel graag beter worden!'
Pleun en Lexie praten nog een tijdje.
Dan gaat Pleun weer naar huis.

Een paar dagen later zit Pleun met Bart
aan de keukentafel.
Ze doen een spelletje.
Pleuns moeder komt de keuken in.
Ze geeft Pleun een kaart.
'Deze kaart zat in onze brievenbus,' zegt Pleuns moeder.
'De kaart is voor jou.'

Pleun bekijkt de kaart.
Er komt een lach op haar gezicht.
Op de voorkant van de kaart staat een klein meisje
met een heel grote bos bloemen.
Op de achterkant staat:

'Bedankt voor je steun.
Je helpt me heel erg.
Je bent een supervriendin!
x Lexie

Websites

www.voedingscentrum.nl
www.opvoedingsadvies.nl

www.sabn.nl/anorexia
e-mail: info@sabn.nl

Voor België

www.anbn.be
e-mail: info@anbn.be

Troef-reeks

de Jonge jury 2010

MAKKELIJK LEZEN

De Troef-reeks richt zich op lezers met een achterstand in de Nederlandse taal, zoals dove en anderstalige kinderen en jongeren. 'Dik?' is geschreven voor jongeren vanaf 12 jaar.

Titels in de Troef-reeks

Haan zoekt kip zonder slurf,
door Wajira Meerveld
Een voorlees/prentenboek
voor kinderen van
2 tot 6 jaar

Haan zoekt huis met geluk,
door Wajira de Weijer
(Meerveld)
Een voorlees/prentenboek
voor kinderen van
2 tot 6 jaar

Thomas - een verhaal uit 1688,
door Nanne Bosma
AVI 6*

Ik wil een zoen,
door René van Harten
AVI 5*

Linde pest terug
door René van Harten
AVI 5*

Mijn vader is een motorduivel,
door Selma Noort
AVI 7*

Het huis aan de overkant,
door Anton van der Kolk
AVI 6*

Het verhaal van Anna,
door Conny
Boendermaker
AVI 8*

Dierenbeul,
door Chris Vegter
AVI 6*

Dansen!,
door René van Harten
AVI 8*

Een vriend in de stad,
door Valentine Kalwij
AVI 6*

Laura's geheim,
door Marieke Otten
AVI 6*

Droomkelder,
door Heleen Bosma
AVI 6*

Een spin in het web,
door Lis van der Geer
AVI 8*

Er vallen klappen,
door Ad Hoofs
AVI 7*

Mijn moeder is zo anders,
door Marieke Otten
AVI 6*

Twee liefdes,
door Marian Hoefnagel
AVI 7*

Gewoon Wouter,
door Marieke Otten
AVI 6*

Magie van de waarheid,
door Heleen Bosma
AVI 6*

Gewoon vrienden,
door Anne-Rose Hermer
AVI 7 *

Blowen,
door Marian Hoefnagel
AVI 5 *

Breakdance in Moskou,
door Annelies van der
Eijk e.a.
AVI 7 *

Kebab en pindakaas,
door Marieke Otten
AVI 6 *

Help! Een geheim,
door Netty van Kaathoven
AVI 6 *

Te groot voor een pony,
door Stasia Cramer
AVI 7 *

Zijn mooiste model,
door Marian Hoefnagel
AVI 6*

Ook gebonden editie

Rammen en remmen,
door Ad Hoofs
AVI 7*

Vogelgriep,
door Chris Vegter
AVI 6*

Pas op, Tirza!,
door Netty van Kaathoven
AVI 5*

Geheime gebaren?,
door Joke de Jonge
AVI 5*

Tessa vecht terug,
door Anne-Rose Hermer
AVI 7*

Beroemd!,
door Iris Boter
AVI 5*

Dik?,
door Marieke Otten
AVI 5*

* Het AVI-niveau is op
verzoek van diverse
personen uit het onder-
wijs aangegeven.
Duidelijk moet zijn dat het
AVI-niveau alleen het technisch lezen en niet het
begrijpend lezen betreft.
De AVI-aanduiding is voor
dove kinderen doorgaans
onbruikbaar.
Als een doof kind een
woord technisch correct
leest, zegt dat niets over
zijn begrip van dat woord.

Aan dit boek in de Troef-reeks is financiële ondersteuning verleend
door het ministerie van OCW.

De Troef-reeks komt tot stand in samenwerking met de FODOK.

Lesmateriaal en/of verwerkingsopdrachten bij dit boek kunt u gratis downloaden.
Ga hiervoor naar *www.vantricht.nl* > *makkelijk lezen*/ en klik de titel van het boek aan.
Onderaan de pagina vindt u het pdf-bestand van de lesbrief.

Vormgeving Studio Birnie
Foto omslag Rob Philip
www.robphilip.com

Illustraties Hiky Helmantel
hikyhelmantel@scarlet.nl

Eerste druk, eerste oplage 2008

ISBN 978 90 77822 35 7
NUR 284 en 286

info@vantricht.nl